Las siete palabras de Jesús y de María

Lecciones de Caná y del Calvario

FULTON J. SHEEN

LIBROS
LIGUORI

Publicado por Libros Liguori
Liguori, MO 63057-9999
Pedidos al 800-325-9521
www.librosliguori.org

Todos los derechos reservados. Sin el permiso previo por escrito de Libros Liguori, ninguna parte de esta publicación puede ser reproducida, almacenada en un sistema de recuperación o transmitida en cualquier forma o por cualquier medio: electrónico, mecánico, fotocopia, grabación, o cualquier otro, a excepción de las breves citas utilizadas para las reseñas impresas del producto.

Library of Congress Catalog-in-Publication Data

Sheen, Fulton J. (Fulton John), 1895-1979.
 [Seven words of Jesus and Mary. Spanish]
 Las siete palabras de Jesús y de María / Fulton J. Sheen. – 1. ed.
    p. cm.
 ISBN 978-0-7648-2199-8
 1. Jesus Christ--Seven last words--Meditations. 2. Mary, Blessed Virgin, Saint--Meditations. I. Title.
 BT456.S4718 2012
 232.96'35--dc23
                           2012016988

Las citas bíblicas son de *La Biblia Latinoamericana: Edición Pastoral* (Madrid: San Pablo, 2005). Usada con permiso.

Traducido por Lourdes Calzada

Libros Liguori, una organización sin fines de lucro, es un apostolado de los Padres y Hermanos Redentoristas. Para más información, visite Redemptorists.com.

Impreso en los Estados Unidos de América
14 13 12 11 / 11 10 9 8

Publicado originalmente en 1945 por P. J. Kenedy e Hijos. Esta edición es publicada gracias a un acuerdo especial con quienes poseen los derechos de autor de Mons. Fulton J. Sheen.

Dedicado a ti,

María, Reina del Santísimo Rosario,

Sagrada Patrona de los Estados Unidos,

suplicándote humildemente que,

a través de tu Inmaculado Corazón,

el mundo pueda encontrar el camino de regreso

al Sagrado Corazón de tu Divino Hijo.

Contenido

CAPÍTULO UNO
La primera palabra
El valor de la ignorancia 9

CAPÍTULO DOS
La segunda palabra
El secreto de la santidad 23

CAPÍTULO TRES
La tercera palabra
La comunidad religiosa 35

CAPÍTULO CUATRO
La cuarta palabra
Confianza en la victoria 47

CAPÍTULO CINCO
La quinta palabra
La religión es una búsqueda 63

CAPÍTULO SEIS
La sexta palabra
La hora 75

CAPÍTULO SIETE
La séptima palabra
El propósito de la vida 87

CAPÍTULO UNO

La primera palabra: El valor de la ignorancia

La primera palabra de la Santísima Virgen María

¿Cómo puede ser eso, si yo soy virgen?

Lucas 1:34

La primera palabra de Nuestro Señor

Padre, perdónalos, porque no saben lo que hacen.

Lucas 23:34

Mil años de antes que Nuestro Señor naciera, vivió el más grande de todos los poetas: el gran Homero de los griegos. A él se le atribuyen dos grandes obras épicas: la Ilíada y la Odisea. El héroe de la Ilíada no era Aquiles, sino Héctor, el líder de los enemigos troyanos a quien Aquiles venció y mató. El poema no termina con la gloria de Aquiles, sino con la derrota de Héctor.

El otro poema, la Odisea, tiene un héroe, no Odiseo, sino su esposa, Penélope, quien le fue fiel durante todos los años que él estuvo de viaje. Cada vez que los pretendientes le rogaban su amor, ella les respondía que en cuanto terminara de tejer la prenda que tenía ahí consigo, consideraría sus muestras de cariño. Pero cada noche deshacía lo que había avanzado durante el día y así permaneció fiel hasta que su esposo regresó. "De todas las mujeres," decía, "yo soy la que más sufre". Bien se le podrían aplicar las palabras de Shakespeare: "La pena se instala en mi alma como en un trono. Ordenad a los reyes que vengan a inclinarse ante ella".

Durante los mil años que precedieron al nacimiento de Nuestro Señor, en la antigüedad pagana resaltaron dos cuentos del poeta que retó a la historia con el desafío misterioso de exaltar a un hombre derrotado y alabar a una mujer que sufre.

La pregunta de los siglos posteriores fue: ¿Cómo puede alguien ser victorioso en la derrota y glorioso en el dolor?

La respuesta no llegó sino hasta el día en que vino uno que fue glorioso en la derrota: Cristo en la cruz y una que era alabada en su dolor: su Madre Santísima al pie de la cruz.

Es interesante que nuestro Señor hablara siete veces en el Calvario y que su madre haya hablado siete veces en todo el Evangelio. La última evidencia de sus palabras la encontramos en las Bodas de Caná, donde empezó la vida pública de su Divino Hijo. Ahora que había salido el sol, no había más necesidad de que brillara la luna. Ahora que la Palabra se había pronunciado, no había necesidad de palabras.

San Lucas registra cinco de las siete palabras que pudo haber conocido solamente a través de Ella. San Juan menciona las otras dos. Uno se pregunta, si mientras nuestro Señor pronunció cada una de sus siete palabras, su Santísima Madre, a los pies de la cruz, no pensó en cada una de las palabras que le correspondían a ella. Estas serán la materia de nuestra meditación: las Siete Palabras de Nuestro Señor en la Cruz y las Siete Palabras en la Vida de María.

Los hombres no soportan la debilidad. En cierto sentido, los hombres son el sexo débil. No hay nada que altere más a un hombre que las lágrimas de una mujer. Por consiguiente, los hombres necesitan la fortaleza y la inspiración de las mujeres que no se derrumban ante una crisis. Necesitan a alguien que no se postre a los pies de la cruz, sino a alguien, como María, que se mantenga en pie. Juan estuvo ahí, la vio justamente así y lo escribió en su Evangelio.

Generalmente cuando sucede que hombres inocentes sufren a manos de jueces injustos, sus últimas palabras son: "soy inocente" o "la justicia no existe". Pero aquí, por primera vez en la historia de la humanidad, escuchamos a un hombre que no pide perdón por sus pecados, ya que es Dios, ni proclama su propia inocencia, ya que los hombres no son jueces para Dios. Él pide por los que lo matan: "Padre, perdónalos porque no saben lo que hacen" (Lc 23:34).

María en el Gólgota escuchó a su Divino Hijo pronunciar esa Primera Palabra. Me pregunto si cuando lo escuchó decir "no saben", habrá recordado sus mismas primeras palabras que contenían también la idea de "desconocer" o "ignorar".

Las pronunció en el momento de la Anunciación, la primera buena nueva para la tierra después de siglos. El ángel le anunció que ella sería la Madre de Dios: "Concebirás en tu seno y darás a luz un hijo, al que pondrás el nombre de Jesús. Será grande y justamente será llamado Hijo del Altísimo. El Señor Dios le dará el trono de su antepasado David; gobernará por siempre al pueblo de Jacob y su reinado no terminará jamás"

María entonces dijo al ángel: "¿Cómo puede ser eso, si yo soy virgen?" (Lc 1:31-34).

Estas palabras de Jesús y de María parecen sugerir que, en ciertas ocasiones, "no saber" implica sabiduría. En estas palabras, se nos presenta la ignorancia no como una maldición, sino como una bendición. Esto puede, más bien, sorprender a nuestra moderna sensibilidad que exalta tanto la educación; esto debido a que hemos fallado en distinguir la verdadera de la falsa sabiduría. San Pablo llamaba "necedad" a la sabiduría del mundo, y Nuestro Señor agradeció a su Padre que no hubiera revelado la sabiduría divina a los sabios del mundo.

La ignorancia que se resalta aquí no es ignorancia de la verdad, sino ignorancia del mal. Notemos que la primera Palabra la dirige a sus verdugos: Él quería resaltar que serían perdonados solo porque ignoraban la dimensión de ese terrible crimen. Fue su ignorancia y no su sabiduría la que los salvaría.

Si ellos hubieran sabido lo que hacían al taladrar las manos de la Eterna Misericordia, al clavar los pies del Buen Pastor, al coronar la cabeza de la Sabiduría Encarnada y lo hubieran seguido haciendo, nunca hubieran podido salvarse. ¡Se hubieran condenado! Su ignorancia les alcanzó el perdón y la redención. Como san Pedro les dijo en Pentecostés: "Yo sé, hermanos, que ustedes obraron por ignorancia, al igual que sus jefes" (Hch 3:17).

¿Por qué es que tú y yo, por ejemplo, podemos pecar mil veces y alcanzar el perdón y los ángeles que solo pecaron una vez no fueron perdonados? La razón es que los ángeles *sabían* lo que estaban haciendo. Los ángeles ven las consecuencias de todas y cada una de sus decisiones con la misma claridad con la que tú puedes ver que una parte nunca puede ser más grande que el todo. Una vez que tomas esa decisión, nunca puedes retractarte. Es irrevocable, es eterna.

Los ángeles sabían las consecuencias de sus decisiones

incluso con mayor claridad. Por lo tanto, cuando ellos tomaron su decisión, la tomaron conscientes de que no había marcha atrás. Estaban perdidos para siempre. La responsabilidad que implica saber es enorme. Aquellos que conocen la verdad serán juzgados más severamente que aquellos que no la conocen. Como dijo Nuestro Señor: "Si yo no hubiera venido ni les hubiera hablado, no tendrían pecado. Pero ahora su pecado no tiene disculpa" (Jn 15:22).

La Primera Palabra que nuestra Madre pronunció en la Anunciación, nos revela la misma lección. Ella Dijo: "¿Cómo puede ser eso, si yo soy Virgen?" ¿Por qué tenía valor el ser virgen, el no conocer? Porque ella había consagrado su virginidad a Dios. En una época en que cada mujer aspiraba al privilegio de ser la madre del Mesías, María es la elegida. No discute con el ángel nada que comprometa su promesa de permanecer virgen.

Si llegar a ser la Madre de Dios implicaba renunciar a su promesa, Ella no habría renunciado, pues sabía que estar con un hombre sería malo para Ella, aunque no lo hubiera sido estando en otras circunstancias. Permanecer virgen implicaba un tipo de ignorancia, pero aquí mismo se demuestra que esta ignorancia es una bendición en el instante en que el Espíritu Santo se posa sobre ella, dándole el privilegio de llevar dentro de sí durante nueve meses al Amo del mundo.

Estas primeras palabras de Jesús y de María sugieren que no conocer el mal tiene un gran valor. Vivimos en un mundo cuya sabiduría afirma: "No conoces la vida; no has vivido". Quienes afirman esto asumen que la única forma de conocer es por la experiencia, no solo por la experiencia del bien, sino también por la del mal.

Fue este tipo de mentira con la que Satanás tentó a nuestros primeros padres. Les dijo que Dios les había prohibido comer del árbol del bien y del mal porque no quería que fueran sabios como Él. Satanás no les dijo que el conocimiento del bien y del mal es muy diferente de la sabiduría de Dios.

Dios conoce el mal solo de forma abstracta, es decir, por la negación de su amor y bondad. Pero el hombre conoce el mal de forma concreta y por experiencia; en consecuencia, muchas veces se convierte en prisionero del mal que ha experimentado. Dios quería que nuestros primeros padres conocieran la fiebre tifoidea, por poner un ejemplo, de la forma en que la conoce un médico; Él no quería que la conocieran de la forma en que la conoce un paciente enfermo. Y, desde ese día de la gran mentira hasta la fecha, no puede decirse que nadie sea mejor porque ha conocido el mal por experiencia propia.

Examina tu propia vida. Si experimentaste el mal, ¿ahora eres más sabio a raíz de esa experiencia? ¿Acaso no es un hecho que sentimos un profundo rechazo de ese mal que quisimos experimentar y que esas vivencias se convierten en verdaderas tragedias? Quizá incluso te convertiste en esclavo del mal que decidiste experimentar. Con qué frecuencia se oye decir con mucha desilusión: "Ojalá y nunca hubiera probado el alcohol", o "Cómo lamento haber robado aquél primer peso", u "Ojalá nunca hubiera conocido a esa persona". ¡Hubieran sido mucho más sabios si hubieran permanecido en su ignorancia!".

Una y otra vez que has roto alguna ley que pensabas que era arbitraria y absurda, has descubierto el por qué de su existencia. Cuando eras niño, no entendías por qué tus padres te prohibían jugar con cerillos, pero una quemadura te convenció del valor de aquella regla. Ahora, por romper las leyes morales de Dios, el mundo está aprendiendo mediante guerras, luchas y miseria, a valorar la sabiduría de esas leyes. ¡Qué no daría el mundo por haber permanecido en su ignorancia!

No pienses que para "conocer la vida" es necesario "experimentar el mal". ¿Es más sabio un doctor por padecer una enfermedad? ¿Podemos conocer la limpieza por vivir en las alcantarillas? ¿Entendemos la educación experimentando con la estupidez? ¿Lograremos la paz por medio de las guerras? ¿Disfrutamos de la alegría de poder ver por medio de la ceguera? ¿El tocar las notas equivocadas te convierte en un mejor pianista? No es necesario emborracharse para entender lo que es estar ebrio.

No te justifiques diciendo: "las tentaciones son muy fuertes" o "las personas buenas no conocen la tentación". Los buenos conocen más sobre la fuerza de las tentaciones que los que caen constantemente en la tentación. ¿Cómo sabes qué tan fuerte es la corriente de un río, nadando con la corriente o nadando contra la corriente? ¿Cómo sabes qué tan fuerte es tu enemigo, siendo capturado o ganando la batalla? ¿Cómo puedes conocer la fuerza de una tentación si no es venciéndola? Nuestro Señor comprende el poder de la tentación mejor que nadie porque venció las tentaciones de Satanás.

La gran falacia de la educación moderna es la suposición de que hay mal en el mundo porque hay ignorancia, y que, si se llena la mente de los jóvenes con información, esto los hará mejores. Si esto fuera cierto, deberíamos ser las personas más virtuosas en la historia de la humanidad, pues somos los más instruidos.

Sin embargo, los hechos apuntan a otra dirección: nunca antes había habido tanta educación y nunca antes había habido tanto desconocimiento de la verdad. Olvidamos que es mejor no saber que estar equivocados en lo que sabemos. *Scientia* no es *sapientia* (ciencia no es lo mismo que sabiduría). Gran parte de la educación moderna promueve el escepticismo sobre la sabiduría de Dios. Los jóvenes no nacen escépticos, pero pueden llegar a serlo por una falsa educación. El escepticismo es un veneno que está matando al mundo moderno.

La mentira detrás de la educación sexual es dar por hecho que si los niños conocen los efectos nocivos de ciertos actos, se abstendrán de cometerlos. En cierta manera es como decir que si tú supieras que en una casa hay enfermos de tifoidea no entrarías ahí. Pero lo que estos educadores olvidan es que el sexo tiene que ver con una atracción y no así lo relacionado con la tifoidea. Nadie siente el impulso por una persona que padece tifoidea, en cambio ese impulso sí se siente en la sexualidad. Existe el impulso sexual, mientras que no existe el instinto de la enfermedad.

El saber de sexo, no nos hace necesariamente sabios, pues puede incluso inclinarnos al mal, sobre todo cuando los efectos incómodos se pueden evitar. La higiene sexual no es moralidad. El jabón no es sinónimo de virtud. La maldad viene no de nuestra carencia de saber, sino de nuestra maldad en el actuar.

Por eso en nuestras escuelas católicas entrenamos y disciplinamos la voluntad, a la vez que informamos al intelecto, pues sabemos que el carácter se forja a la hora de decidir, no a la hora de pensar. Todos nosotros *sabemos* lo suficiente para ser buenos, incluso antes de ir a la escuela. Lo que tenemos que aprender es cómo *comportarnos mejor*.

Si olvidamos la carga de nuestra naturaleza caída y la tendencia al mal que proviene de ella, pronto nos encontraremos encadenados como Sansón y ni toda la educación del mundo podrá romper esas cadenas. La educación podrá racionalizar esas cadenas y ocultarnos su naturaleza, pero solo con mucha voluntad y con la gracia de Dios podremos ser liberados de la esclavitud. Sin esas dos energías nunca podremos dar un paso más de lo que ya hayamos avanzado.

Educa a tus hijos y a ti mismo en la verdadera sabiduría que es el conocimiento de Dios y la ignorancia del mal. Lo que no se conoce, no es deseado; ignorar el mal es no desear el mal. No hay mayor alegría que la inocencia.

En la cruz y en su sombra encontramos a las personas más inocentes de toda la historia: Jesús jamás pecó porque es el Hijo de Dios; María era inmaculada porque, por méritos de su Hijo Divino, fue preservada del pecado original. Su inocencia le dio un sentido sobrenatural a sus sufrimientos.

Las personas que viven en la suciedad nunca se dan cuenta de lo sucias que están. Aquellos que viven en pecado, no comprenden el horror en el que viven. La peculiaridad tan terrible que tiene el pecado es que mientras más lo experimentas, menos lo conoces. Te identificas tanto con tu pecado que ni percibes las profundidades en las que te has hundido, ni las alturas de las que has caído.

Nunca sabes que estabas dormido hasta que despiertas; nunca comprendes el horror del pecado sino hasta que lo abandonas. Por lo tanto, solo conocen el pecado quienes no han pecado. Y, como en la cruz y a los pies de ella, se encuentra la inocencia en su máxima expresión, podemos concluir que ahí también está presente el más grande de los dolores. Dado que ahí no había pecado, había, en cambio, la mayor comprensión de sus efectos dañinos. Era la inocencia de ambos o su ignorancia del mal, la que produjo la agonía del Calvario.

Reza a Jesús, quien perdonó a aquellos que "no saben" y a María, quien encontró gracia ante Dios porque "no conocía", para que puedas ser bueno, no conociendo el mal.

Contéstate con honestidad, si tuvieras la oportunidad de aprender más del mundo o de olvidar el mal que ya conoces, ¿preferirías aprender u olvidar? ¿No serías mejor si no hubieras desarrollado los muchos vicios que te han debilitado que lo "educado" que eres y que evidenciarían los innumerables diplomas que pudieras tener?

¿No te gustaría ser en este preciso momento, tan justo como eras cuando saliste de las manos de Dios el día de tu bautizo, sin tener en tu inteligencia la sabiduría mundana que hasta ahora has cosechado, tal como un cáliz vacio que pudieras pasar la vida entera llenando del amor de Dios? El mundo te llamaría ignorante, diciendo que no sabes nada de la vida. No le creas, ¡tendrías Vida! Y, por lógica, serías una de las personas más sabias del mundo.

Hay tantos errores en el mundo moderno, tantas áreas de maldad experimentada y vivida, que sería una bendición si algún alma generosa donara una "Universidad para Olvidar". Su propósito sería hacer con los errores y el mal exactamente lo que los doctores hacen con las enfermedades.

¿Te sorprendería descubrir que Nuestro Señor en realidad instituyó esa Universidad del Olvido y que todos los católicos suelen acudir a ella aproximadamente una vez al mes? ¡Se llama confesionario! No vestirás con piel de oveja al salir del confesionario, pero si te sentirías como una oveja porque Cristo es tu Pastor. Estarías asombrado de todas las cosas que puedes aprender cuando estás dispuesto a olvidar. Es más fácil para Dios escribir en una hoja limpia que en una que está llena con tus notas y garabatos.

Epílogo

Pero, ¿de qué manera se hace visible el Calvario?, ¿dónde podemos encontrar el Calvario perpetuado? Encontraremos el Calvario renovado, revivido, representado... en la Santa Misa. El Calvario es uno con la Santa Misa y la Santa Misa es una con el Calvario, pues en los dos encontramos al mismo Sacerdote y a la misma Víctima. Las Siete Últimas palabras son como las siete partes de la Misa. Y así como también solo hay siete notas musicales que permiten una infinita variedad de combinaciones y armonías, en la cruz también hay siete notas divinas, que el mismo Cristo agonizante tocó: todas se combinan para formar la hermosa melodía de la redención del mundo.

FULTON J. SHEEN, *El Calvario y la Santa Misa*

CAPÍTULO DOS

La segunda palabra: El secreto de la santidad

La segunda palabra de la Santísima Virgen María

Hágase en mí tal como has dicho.

Lucas 1:38

La segunda palabra de Nuestro Señor

*En verdad te digo
que hoy mismo estarás conmigo en el Paraíso.*

Lucas 23:43

Hay solo una cosa en este mundo que es definitiva y absolutamente tuya: tu voluntad. Puedes perder la salud, el poder, las pertenencias y el honor, pero tu voluntad es únicamente tuya, incluso en el infierno. Por lo tanto, lo único importante que haces en la vida, es aquello que haces con tu voluntad. Precisamente fue la voluntad, la que hizo la historia de los dos ladrones crucificados junto a Nuestro Señor.

Los dos ladrones renegaron en un principio. No había un "buen ladrón" al inicio de la crucifixión. Pero cuando el ladrón de la derecha escuchó que el hombre en la cruz del centro perdonaba a sus verdugos, experimentó un cambio en su alma.

Comenzó a aceptar su dolor. Tomó su cruz como un yugo, más que como una condena, se abandonó a la voluntad de Dios, y volviéndose al ladrón rebelde dijo: "¿No temes a Dios, tú, que estás en el mismo suplicio? Nosotros lo hemos merecido y pagamos por lo que hemos hecho, pero este no ha hecho nada malo" (Lc 23:40-42).

Y entonces, desde el fondo de su corazón, ya entregado a su Salvador, viene su súplica: "Jesús, acuérdate de mí cuando entres en tu Reino". (Lc 23:42). Inmediatamente después escuchó la respuesta: "En verdad te digo que hoy mismo tú estarás conmigo en el Paraíso" (Lc 23:43).

"Tú". Todos somos alguien a los ojos de Dios. Él llama a sus ovejas por su nombre. Esa palabra es la base de la democracia cristiana. Cada alma, incluso la de los que el Estado rechaza y sentencia, es preciosa para Dios.

Al pie de la cruz, María es testigo de la conversión del buen ladrón y su alma se regocijó cuando el ladrón aceptó la voluntad de Dios. La Segunda Palabra de su Hijo Divino en la que promete el Paraíso como recompensa por el arrepentimiento, le recordó su propia Segunda Palabra, treinta años antes, cuando el ángel se le apareció y le dijo que sería la madre de Aquel que ahora moría en la cruz.

En su Primera Palabra, Ella preguntó cómo podría ser la Madre de Dios, pues era virgen. Pero cuando el ángel le dijo que concebiría por obra del Espíritu Santo, María respondió inmediatamente: "Hágase en mí tal como has dicho" (*Fiat mihi secundum verbum tuum*) (Lc 1:38).

Este fue uno de los más grandes "fiats" de este mundo. El primero fue en la Creación cuando Dios dijo: *Fiat lux*: "Hágase la luz"; otro fue en Getsemaní cuando nuestro Salvador, llevando a sus labios el cáliz de la redención exclamó: *Fiat voluntas tua*: "Que se haga tu voluntad" (Mt 26:42). El tercero fue de María, pronunciado en la casita de Nazaret, que resultó ser una declaración de guerra contra el imperio del mal, *Fiat mihi secundum verbum tuum*, es decir: "Hágase en mi tal como lo has dicho" (Lc 1:38).

La Segunda Palabra de Jesús en el Gólgota y la Segunda Palabra de María en Nazaret nos enseñan la misma lección: Cada persona en el mundo tiene una cruz, pero cada cruz es diferente. La cruz del ladrón era diferente a la de María. La diferencia radicaba en que la voluntad de Dios era diferente para cada uno. El ladrón entregaba su vida; María aceptaba su vida. El ladrón colgaba de su cruz; María estaba de pie junto la suya. El ladrón se adelantaba; María se quedaría. El ladrón encontró el perdón; María encontró una misión. El Paraíso recibió al ladrón, pero María recibiría en sí al Paraíso.

Cada uno de nosotros también tiene una cruz. Nuestro Señor dijo: "El que quiera seguirme" (Mc 8:34). No dijo: "Tome mi cruz". Mi cruz no es la misma que la suya y su cruz, no es mi cruz. Cada cruz en el mundo está diseñada, hecha a la medida, especialmente para cada persona.

Por eso decimos: "Mi cruz es pesada". Suponemos que las cruces de otras personas son más ligeras, olvidándonos de que la única razón por la cual nuestra cruz es pesada, es porque es la nuestra propia. Nuestro Señor no diseñó su cruz; fue hecha para Él. De ese modo la tuya está diseñada por las circunstancias de tu vida y por tus rutinas diarias. Por eso es que te queda tan a la medida. Las cruces no están hechas en serie.

Nuestro Señor atiende por separado a cada una de las almas. La corona de oro que deseamos tal vez venga con una corona de espinas por debajo, pero lo héroes que escogen la corona de espinas, muchas veces se encuentran con que debajo había una corona de oro. Incluso las personas que parecieran no cargar ninguna cruz, cargan con una.

Nadie hubiera sospechado que cuando María cumplió con la voluntad de Dios al aceptar el honor de convertirse en su madre, Ella también habría de llevar una cruz. Hubiera parecido que, al haber sido preservada el pecado original, también habría sido dispensada de las consecuencias de ese pecado, como el dolor. Sin embargo, este honor le trajo siete cruces y la convirtió en la Reina de los mártires.

Por lo tanto, hay tantas cruces como personas diferentes: cruces de dolor y pena, cruces de necesidades, cruces de abuso, cruces de amor herido y cruces de derrota.

Existe la cruz de las viudas. Con cuánta frecuencia habló nuestro Señor de ellas, por ejemplo, en la parábola del juez y la viuda (Lc 18:1-8); cuando criticaba a los fariseos quienes "devoran los bienes de las viudas" (Mc 12:40); cuando habló con la viuda de Naím (Lc 7:12); y cuando elogió a la viuda pobre que echó dos moneditas de muy poco valor en las alcancías del templo (Mc 12:42). Seguramente se sentía muy conmovido por las viudas, pues su propia madre era viuda, presumiendo que su padre adoptivo, José, ya había muerto.

Cuando Dios se lleva a uno de nuestros seres queridos, es siempre por una buena razón. Cuando las ovejas han pastado y solo queda pasto reseco en praderas, los pastores toman un borreguito, lo cargan sobre sus hombros y lo llevan a la parte alta de la montaña, donde el pasto es verde y lo dejan ahí para que las demás ovejas lo sigan. De vez en cuando Nuestro Señor toma una oveja de las resecas praderas familiares y la lleva a las verdes praderas del Cielo para que el resto de la familia pueda tener presente su verdadero hogar y pueda seguirla hasta allá.

Tenemos también la cruz de la enfermedad, la cual siempre ha tenido un propósito divino. Nuestro Señor dijo: "Esta enfermedad no terminará en muerte, sino que es para gloria de Dios, y el Hijo del Hombre será glorificado por ella" (Jn 11:4). La resignación ante este tipo particular de cruz es una de las formas más sublimes de oración. Desafortunadamente las personas enfermas generalmente quisieran hacer otras cosas en lugar de hacer lo que Dios quiere que hagan.

La tragedia de este mundo no está en el dolor en que vivimos, sino en cómo lo desperdiciamos. Solo cuando un leño es arrojado a la hoguera comienza a cantar. Solo cuando el ladrón fue arrojado a la hoguera de la cruz, comenzó a encontrar a Dios. Es solo en el dolor donde algunos comienzan a descubrir el Amor verdadero.

Dado que nuestras cruces son diferentes, cada alma será diferente en la gloria. Pensamos que en el Cielo habrá el mismo tipo de niveles sociales que hay en la tierra: que los sirvientes en la Tierra, serán sirvientes en el Cielo; que las personas importantes en la tierra serán personas importantes en el cielo. Esto no es cierto.

Dios tomará en cuenta nuestras cruces. Parece que nos lo sugirió en la parábola del rico y Lázaro: "Hijo, recuerda que tú recibiste tus bienes durante la vida, mientras que Lázaro recibió males. Ahora él encuentra aquí consuelo y tú, en cambio, tormentos" (Lc 16:25).

El mérito de los que sufren en este mundo será como una joya brillante. Debido a que vivimos en un mundo donde nuestra posición social se determina económicamente, olvidamos que para Dios, la realeza la forman quienes hacen su voluntad. En el Cielo veremos que los valores de la tierra están revertidos por completo. Los últimos serán los primeros y los primeros los últimos, ya que para Dios no existen las clases sociales.

Una mujer rica e importante socialmente llegó al cielo. San Pedro le mostró una hermosa mansión y le dijo; "Esta es la casa de tu chofer". "Bien", dijo ella, "si esa es su casa, imagino cómo será la mía". Pedro le mostró una pobre casita y le dijo: "Ahí está tu casa". "No puedo vivir ahí," respondió. Pedro le dijo: "Lo siento, pero esto es lo mejor que pude hacer con el material que me enviaste". Los que sufren, como sufrió el ladrón, envían materiales finos al Cielo.

Lo que haces aquí en la tierra, no hace ninguna diferencia; lo que importa es el amor con que lo haces. El barrendero que acepta, en el nombre de Dios, su cruz que significa pobreza y el desprecio de sus semejantes; la madre que pronuncia su *fiat* ante la voluntad divina, mientras educa a su familia para alcanzar el Reino de Dios; los enfermos en los hospitales quienes dicen *fiat* a la cruz de sus sufrimientos, son santos no canonizados, porque ¿qué es la santidad sino agarrarse al bien, abandonados a la Voluntad de Dios?

Es típicamente americano pensar que no estamos haciendo nada a no ser que estemos haciendo algo grande. Pero desde el punto de vista cristiano, no hay cosas que sean mayores que otras. La grandeza proviene de cómo utilizamos nuestra voluntad para hacer lo que tenemos que hacer. Así limpiar el piso de una oficina por amor a Dios, es mejor que dirigir la oficina por amor al dinero.

La mayor parte de nuestras penas e infelicidades provienen de la rebeldía ante nuestra posición actual mezclada con la ambición. Criticamos a quien está arriba, como si la túnica de honor que otro viste nos la hubiera quitado de los hombros. Quedémonos en paz seguros de que, si es Voluntad de Dios que hagamos determinada tarea, la llevaremos a cabo, aunque todo el mundo se levante en contra y diga que no. Pero, si la asumimos y emprendemos apoyándonos en la mentira y en la arrogancia, esa misma tarea se convertirá en lo más amargo e insoportable que pudiéramos haber emprendido.

Cada uno de nosotros debe alabar y amar a Dios de acuerdo con sus propias características. El ave alaba a Dios con su canto, la flor con su aroma, las nubes con la lluvia, el sol con su luz, la luna reflejando al sol y cada uno de nosotros con la paciente aceptación de las pruebas que nos presenta nuestro estado de vida.

La esencia de nuestra vida radica en dos cosas: (1) deberes activos y (2) circunstancias pasivas. Los primeros están bajo tu control, hazlos en el nombre de Dios. Las segundas están fuera de tu control, ofréceselas a Dios. Piensa solo en el presente, deja el pasado a la justicia divina y el futuro a la Providencia. La perfección de la personalidad no consiste en conocer el plan de Dios, sino en aceptarlo a medida que se nos va revelando en las circunstancias de nuestra vida.

Existe un atajo hacia la santidad, el que María escogió en la Visitación, el que Nuestro Señor escogió en Getsemaní, el que el ladrón escogió en su cruz: el abandono a la voluntad divina.

Si el oro en las entrañas de la tierra no dijera *fiat* al minero y al herrero, nunca se convertiría en el cáliz del altar. Si el lápiz no dijera *fiat* a la mano del escritor, nunca tendríamos un poema; si nuestra Señora no hubiera dicho *fiat* al ángel, nunca se habría convertido en el sagrario del Señor; si Nuestro Señor no hubiera dicho *fiat* a la voluntad del Padre en Getsemaní, nunca hubiéramos sido redimidos; si el ladrón no hubiera dicho *fiat* en su corazón, nunca hubiera escoltado al Maestro en el Paraíso.

La razón por la cual la mayoría de nosotros somos como somos, cristianos mediocres: hoy "arriba" y mañana "abajo", es simplemente porque no permitimos que Dios trabaje en nosotros. Como mármol en bruto, nos rebelamos ante las manos de nuestro escultor; como lienzos nuevos, nos rebelamos ante las pinturas y los óleos del Artista Celestial. Parecemos "temer que teniéndolo a Él, no tengamos nada más," y olvidamos que, si tenemos el fuego del Amor, no debemos preocuparnos por las chispas.

Siempre cometemos el error fatal de pensar que lo que importa es lo que hacemos, cuando lo que en verdad importa es lo que dejamos que Dios haga con nosotros. Cuando Dios envió el ángel a María, no le pidió que hiciera algo, sino que dejara que algo sucediera.

Como Dios es mejor artesano que tú, mientras más te abandones a Él, más feliz te hará. Está bien ser un hombre que se ha forjado a sí mismo, pero es mucho mejor ser un hombre forjado por Dios.

Dios te amará, incluso si tú no lo amas, pero recuerda

que, si solo le das la mitad de tu corazón, solo te podrá dar la mitad de la felicidad. Tienes la libertad de darle tu corazón a quien tú quieras. ¿A quién se lo darás? Puedes darlo a los caprichos, a tu egoísmo, a otras creaturas o a Dios.

¿Sabías que si le entregas tu libertad a Dios, en el Cielo no tendrás libertad para elegir pues una vez que posees lo perfecto, no queda nada que elegir? Y no obstante serías perfectamente libre, pues serías uno con Él, ¡quien es libertad y amor!

Epílogo

La vida cristiana es diferente: más difícil y más fácil. Cristo dice: "Dámelo todo. No deseo parte de tu tiempo, ni parte de tu dinero, ni parte de tu trabajo. Te quiero a ti. No he venido a atormentar a tu "yo" natural, sino a darle muerte. Las mediocridades son buenas para nada. No deseo cortar una rama aquí y otra allá; lo que deseo es echar abajo todo el árbol. No deseo perforar una muela, ni taparla, ni rellenarla, lo que quiero es sacarla. Entrégame todo tu "yo" natural; todos los deseos que piensas que son inocentes así como los que consideras malos: todo lo que son. En su lugar te daré un nuevo "yo". En efecto, te daré mi Ser. Mi propia voluntad será tuya".

C.S. Lewis, *Cristianismo... ¡y nada más!*

CAPÍTULO TRES

La tercera palabra: La comunidad de la religión

La tercera palabra de la Santísima Virgen

*Yo soy la servidora del Señor,
hágase en mí tal como has dicho.*

Lucas 1:38

La tercera palabra de Nuestro Señor

*Cerca de la cruz de Jesús estaba su madre con su hermana, María, la esposa de Cleofás, y María de Magdala. Jesús, al ver a la Madre y junto a ella al discípulo que más quería, dijo a la Madre:
«Mujer, ahí tienes a tu hijo.»
Después dijo al discípulo:
«Ahí tienes a tu madre.»*

Lucas 19:25b-27

¿**H**as dicho alguna vez, para justificar tu egoísmo, "después de todo, tengo que vivir mi propia vida"? La verdad es que no tienes que vivir tu propia vida, porque tienes que vivirla con los demás. La religión no es lo que haces en tu soledad, sino lo que haces con los demás. Naciste en el seno de una sociedad y por lo tanto no puedes separar el amor a tu prójimo de tu amor a Dios. "Si uno dice «Yo amo a Dios», y odia a su hermano, es un mentiroso. Si no ama a su hermano, a quien ve, no puede amar a Dios, a quien no ve". (1 Jn 4:20)

A medida que se multiplican los peligros, la solidaridad humana se vuelve más evidente. Los hombres se vuelven más cercanos entre sí en un refugio anti-bombas o en el hoyo que ha dejado la explosión de una granada, que en las oficinas de la bolsa de valores o que en una mesa de póquer. A medida que nuestras penas son mayores, nuestro sentido de unión se vuelve más profundo. Por lo tanto, es natural suponer que en el momento de mayor pena en las vidas de Nuestro Señor y de su madre en el Calvario, es precisamente donde se revela el carácter comunitario de la religión.

Es particularmente interesante notar que la palabra que Nuestro Señor le dijo a su madre en la cruz venga después de lo que nos comenta el Evangelio de san Juan, nos referimos a la túnica sin costuras que Nuestro Señor solía vestir y que los soldados estaban echando a suertes. "Después de clavar a Jesús en la cruz, los soldados tomaron sus vestidos y los dividieron en cuatro partes, una para cada uno de ellos. En cuanto a la túnica, tejida de una sola pieza de arriba abajo sin costura alguna" (Jn 19:23).

¿Por qué, entre todos los detalles de la Pasión, se refirió a la túnica? Porque había sido hilada por las manos de María. Era una túnica tan hermosa que estos criminales no quisieron romperla. La costumbre les daba el derecho de quedarse con las pertenencias de aquellos a quienes crucificaban. Pero aquí los criminales se rehúsan a dividir la túnica. La echan a la suerte, de modo tal que el ganador se quede con la túnica completa.

Después de haber cedido sus ropas a aquellos quienes se las jugaban a suerte, el que estaba en la cruz también entrega a quien había tejido tan hermosa túnica. Nuestro Señor dirige su mirada a las dos creaturas que más amaba en la tierra: María y Juan. Se dirige primero a su Santísima Madre y no le llama "madre," sino "mujer".

Como san Bernardo lo ha explicado de una manera tan tierna, si la hubiera llamado "madre", habría sido solamente madre suya y de nadie más. Para indicar que desde ese momento Ella se convierte en la madre de todos los hombres que Él redime, le da el título de la maternidad universal: "Mujer". Luego, señalando con un movimiento de su cabeza al discípulo a quien tanto amaba, añadió: "Ahí tienes a tu hijo". No lo llama Juan, porque de haberlo hecho así, Juan hubiera sido simplemente el hijo del Zebedeo; no mencionó su nombre para que pudiera representar a toda la humanidad.

Nuestro Señor en realidad le estaba diciendo a su

madre: "Tú ya tienes un Hijo y soy Yo. No puedes tener otro. Todos los otros hijos serán en mí como los sarmientos en la viña. Juan es uno conmigo y yo soy uno con Juan. Por lo tanto no te digo: "¡Aquí tienes a tu otro hijo!" sino: Mírame en Juan y mira a Juan en mí".

Fue como una especie de testamento. En la Última Cena le legó a la humanidad su Cuerpo y su Sangre. "¡Este es mi Cuerpo! ¡Esta es mi Sangre!" Ahora nos legaba a su madre: "Ahí tienes a tu madre". Nuestro Señor estaba estableciendo una nueva relación; una relación en la cual su madre se convertía en la Madre de toda la humanidad y en la cual nos convertíamos en sus hijos.

Este nuevo lazo no fue carnal, sino espiritual. Existen otros tipos de lazos además del lazo de la sangre. La sangre puede ser más densa que el agua, pero el espíritu es más denso que la sangre. Todos los hombres, sin importar su color, raza o sangre, son uno en el espíritu: "Tomen a cualquiera que cumpla la voluntad de mi Padre de los Cielos, y ése es para mí un hermano, una hermana o una madre." (Mt 12:50)

María había visto a Dios en Cristo; ahora su Hijo le decía que viera a Cristo en todos los cristianos. Ella nunca amaría a nadie sino a Él, pero ahora Él estaría en aquellos a quienes redimió. La noche anterior Él había pedido en su oración que todos los hombres fueran uno en Él, así como hay una sola vida en la Vid y en sus sarmientos. Ahora le encargaba que cuidara no solo de la Vid, sino de todos los sarmientos durante toda la eternidad. Ella dio a luz al Rey; ahora ella recibía el Reino.

El solo pensar que la Esposa del Espíritu Santo se convirtiera en la Madre de toda la humanidad es mucho decir, no por el hecho de que Dios lo haya pensado, sino porque nosotros reflexionamos muy poco ese hecho. Nos hemos acostumbrado tanto a ver a la Señora con el Niño en Belén, que olvidamos que esa misma Señora es quien nos sostiene a ti y a mí en el Calvario.

En el pesebre, Cristo era solo un bebé; en el Calvario, Cristo era la cabeza de la humanidad redimida. En Belén, ella era la Madre de Cristo; en el Calvario, se convirtió en la Madre de todos los cristianos. En el establo, dio a luz sin dolor a su hijo y se convirtió en la Madre de la alegría; en la cruz, sufriendo, nos dio a luz a todos los hombres y se convirtió en la Reina de los mártires. En ninguno de estos dos casos puede olvidar una madre al hijo de su vientre.

Cuando María escuchó que Nuestro Señor establecía este nuevo parentesco, recordó con claridad el momento en que se inició esta relación espiritual. Su tercera palabra, igual que la de su Hijo, hablaba de parentesco. Hacía ya mucho tiempo.

Después de que el ángel le anunció que iba a ser la Madre de Dios, lo cual por sí mismo la hubiera unido con toda la humanidad, el ángel agregó que su prima, Isabel, también iba a ser madre: "También tu parienta Isabel está esperando un hijo en su vejez y, aunque no podía tener familia, se encuentra ya en el sexto mes de embarazo. Para Dios, nada es imposible.» Dijo María: «Yo soy la servidora del Señor, hágase en mí tal como has dicho.» Después la dejó el ángel.

Por entonces María tomó su decisión y se fue, sin más demora, a una ciudad ubicada en los cerros de Judá. Entró en la casa de Zacarías y saludó a Isabel. Al oír Isabel su saludo, el niño dio saltos en su vientre. Isabel se llenó del Espíritu Santo y exclamó en alta voz: «¡Bendita tú eres entre las mujeres y bendito el fruto de tu vientre! ¿Cómo he merecido yo que venga a mí la madre de mi Señor? Apenas llegó tu saludo a mis oídos, el niño saltó de alegría en mis entrañas. ¡Dichosa tú por haber creído que se cumplirían las promesas del Señor!» (Lc 1:36-45).

Es justo suponer que nadie puede con mayor razón considerarse exenta de servir a los demás que una mujer embarazada. Si a esto se agrega el hecho de que esta Mujer llevaba en su seno al Señor del Universo, entonces, Ella hubiera sido la que con mayor derecho sobre todas las criaturas se considerara libre de cualquier compromiso social y de ayudar a su prójimo. Las mujeres en estas condiciones no deben de atender, sino deben de ser atendidas.

Aquí tenemos a la más grande de todas las mujeres convirtiéndose en la servidora de otros. No se refugia en su dignidad diciendo: "Soy la Madre de Dios", sino que reconoce la necesidad de su prima mayor, y esta Reina embarazada, en vez de esperar sola que llegue su momento de dar a luz, como lo hacen las otras mujeres, se monta en un burrito, hace un viaje de cinco días por terrenos montañosos y lo hace, con tal seguridad que, según nos dicen las Sagradas Escrituras, "se encamina sin demora". (Lc 1:39)

Treinta y tres años antes del Calvario, María entiende

que su misión es entregar a su Señor a la humanidad; y se siente tan llena de tan santa impaciencia, que comienza con su tarea antes de que su Hijo vea la luz del día. Me encanta pensar en Ella en este viaje, como en la primera enfermera cristiana, que considera que el servicio hacia su prójimo es inseparable de su misión de traer a Cristo a la vida de su paciente.

No existe un registro de las palabras exactas que pronunció María. El evangelista se limita a decirnos que saludó a Isabel. Pero hay que comprender que en cuanto saludó a su prima, una nueva relación se establece inmediatamente. Isabel ya no la llama prima. Le dice: "¿Cómo he merecido yo que venga a mí la madre de mi Señor?" (Lc 1:43).

María ya no es más un pariente cualquiera, cualquier madre de cualquier hijo. Es llamada la "¡Madre de Dios!" Pero no es aquí donde termina esta nueva relación. La criatura que está en el vientre de Isabel, el mismo que después sería llamado por Jesús como "el más grande hombre nacido de mujer," salta de alegría en al interior del seno de su madre; ¡casi podríamos decir que saludaba al Rey de reyes! Los dos niños que aún no habían nacido, establecían una relación incluso antes de nacer.

Es de notarse hasta qué grado Nuestra Señora se convierte en el medio de llevar a Cristo a toda la humanidad. En primer lugar, fue a través de Ella, como una Puerta del Cielo, que Él llegó a la tierra. Fue en ella, el espejo de la justicia, que Él vio con los ojos humanos el reflejo del mundo que había creado. Fue en Ella, como en un cáliz viviente, que fue llevado, como en la Primera Comunión a casa de su prima, donde san Juan que aún no ha nacido, saluda al amo del mundo como su huésped. Es a través de su intercesión en Caná que usa su poder divino para satisfacer una necesidad humana. Y es finalmente en la cruz, donde Ella entrega a Cristo al mundo, y lo recibe nuevamente de nosotros quienes tenemos el alto e inmerecido honor de llamarnos cristianos.

Debido a esta intimidad, me pregunto si no es una realidad que a medida que el mundo deja de venerar a la Madre de Cristo, también deja de adorar al mismo Cristo. ¿No es cierto que si uno de tus amigos ignora a tu madre cuando te visita en tu casa, tarde o temprano también te ignorará a ti? Por consiguiente, cuando el mundo comience a tocar la puerta de María, descubrirá que será Nuestro Señor quien la abra.

Si nunca has rezado a María, comienza a hacerlo ahora. ¿No puedes ver que si el mismo Cristo estuvo dispuesto formarse físicamente en Ella durante nueve meses y después ser formado espiritualmente por Ella durante treinta años, es a Ella a quien debemos acudir para que Cristo se forme en nosotros? Solo Ella quien formó a Cristo, puede formar a un cristiano.

Para desarrollar esta comunión espiritual con Jesús y con María, lo más efectivo es el Rosario. La palabra rosario significa "guirnalda de rosas" cultivadas en el jardín de la oración. Cada misterio requiere entre dos y tres minutos, así que el Rosario completo requiere un poco más de diez minutos.

Si no lo rezas todo completo y de rodillas, puedes rezar un misterio cuando te levantas en la mañana, otro misterio en tu camino al trabajo, otro misterio mientras barres la casa o mientras esperas tu cuenta a la hora de la comida, otro misterio antes de acostarte; el último misterio lo puedes rezar en cama antes de dormir.

Cuando tienes menos de veinticinco años, tienes tiempo para rezar apenas un misterio antes de dormirte; cuando tienes cuarenta años, tienes tiempo para rezar dos; y cuando tienes sesenta, tienes tiempo para rezar una docena.

Debido a que el "avemaría" se repite muchas veces a lo largo del Rosario, no creas que se trata de una inútil repetición, ya que cada vez se reza en forma diferente, al meditarse, por ejemplo, en misterios como el Nacimiento de Nuestro Señor, la Crucifixión, la Resurrección, etc. Cuando eras pequeño nunca pensaste que cada vez que le decías a tu madre que la querías, significaba lo mismo que la vez anterior. Debido a que el contexto cambiaba, cada vez que le decías que la querías, era como si se lo dijeras la primera vez. Es el mismo efecto del sol que sale cada mañana, pero cada vez produce un nuevo día.

¿Cuáles son algunas ventajas de rezar el Rosario?

1. Si rezas el Rosario con devoción, y eso implica que lo hagas cada día de tu vida, nunca perderás tu alma.

2. Si deseas paz en tu corazón y en el de tu familia y abundancia de dones celestiales en tu casa, reúne a tu familia cada noche y reza el Rosario.

3. Si deseas convertir un alma a la plenitud del amor de

Dios, enséñale a esa persona a rezar el Rosario. Si esa persona no deja de rezarlo, recibirá el don del a fe.

4. Si un grupo suficientemente grande de personas rezamos el Rosario todos los días, Nuestra Señora, tal como lo ha hecho en el pasado, obtendrá de su Divino Hijo la derrota de los enemigos de la humanidad, el final de las tempestades que nos abruman y paz verdadera en los corazones de los hombres.

5. Si el enfriamiento de tu caridad te ha hecho infeliz en el exterior y crítico de los demás, el Rosario, por medio de la meditación del gran amor por ti que mostraron Nuestro Señor y Nuestra Santísima Madre desde la cruz y el Calvario, encenderá tu amor por Dios y por tu prójimo, y te llenará de una paz que sobrepasa cualquier entendimiento.

No pienses que al honrar a nuestra Madre con el rezo del Rosario te olvidas de Nuestro Señor. ¿Puedes recordar alguna vez que te hayas sentido ignorado cuando alguien trata con amor a tu madre? Si Nuestro Señor nos dijo: "Ahí tienes a tu madre," nos corresponde a todos respetar a la que Dios eligió entre todas las criaturas de la tierra. En cualquier caso ten presente que incluso, aunque lo quisieras, no podrías dirigirte solo a Ella. Como Francis Thompson bien lo dijo:

Tentadora celestial,
que nos conduces a la felicidad
con tus sacrosantos ademanes
y las estrellas de tus ojos,
¡nos tientas para que regresemos al Paraíso!

Epílogo

Puede ser debatido: "Nuestro Señor es suficiente para mí, no tengo necesidad de la Virgen María". Pero independientemente de lo que nosotros pensemos, Él la necesitó. Y, lo que es más importante, Nuestro Señor nos dio a su Madre para que fuera nuestra propia madre. Ese viernes, llamado "Viernes Santo" por los hombres, cuando colgaba de su cruz como símbolo de nuestra salvación, miró a las criaturas que más amaba en la tierra: su madre y Juan, el discípulo amado. La noche anterior en la Última Cena, hizo su testamento y última voluntad al darnos lo que ningún hombre jamás nos podrá dar: a sí mismo en la Santa Eucaristía. Así Él estará con nosotros, tal como lo dijo: "Yo estoy con ustedes todos los días hasta el fin de la historia". Después, desde las sombras del Calvario, añade una cláusula a su testamento. Junto a la cruz, su madre no se encuentra postrada Como lo dice el Evangelio, se encuentra "de pie". Como Hijo, pensó en su madre, y como salvador, pensó en nosotros. Así es que nos dio a su madre: "¡Ahí tienes a tu madre!"

FULTON J. SHEEN

CAPÍTULO CUATRO

La cuarta palabra: Confianza en la victoria

La cuarta palabra de la Santísima Virgen María:

*Proclama mi alma la grandeza del Señor,
y mi espíritu se alegra en Dios mi Salvador,
porque se fijó en su humilde esclava, y desde
ahora todas las generaciones me llamarán feliz.
El Poderoso ha hecho grandes cosas por mí:
¡Santo es su Nombre!
Muestra su misericordia siglo tras siglo
a todos aquéllos que viven en su presencia.
Ha hecho maravillas con su brazo:
deshizo a los soberbios y sus planes.
Derribó a los poderosos de sus tronos
y exaltó a los humildes.
Llenó de bienes a los hambrientos
y despidió a los ricos con las manos vacías.
Socorrió a Israel, su siervo, se acordó de su misericordia,
como lo había prometido a nuestros padres,
a Abraham y a sus descendientes para siempre.*

Lucas 1 : 46-55

La cuarta palabra de Nuestro Señor

Dios mío, Dios mío ¿Por qué me has abandonado?

Marcos 15:34

Probablemente en ningún momento de la historia moderna ha existido una tendencia a huir de la vida como la que hoy se observa. Esta tendencia se manifiesta en gran parte de la literatura moderna por un retroceso hacia lo primitivo a través del sexo o del subconsciente.

En la vida diaria también existe una tendencia a huir de la conciencia a través del alcoholismo o a huir de la toma de decisiones por medio de la indiferencia o a huir de la libertad por medio de la negación de la responsabilidad. Todos estos son síntomas de desesperación. Como resultado, muchas personas se están desmoronando mental, emocional y moralmente. Nuestro problema no consiste en diagnosticar la enfermedad, sino en curarla.

¿Existe alguna salida, incluso en estos días sombríos? Para encontrar la respuesta, debemos volver al día más sombrío que el mundo presenció, el día en que el mismo sol se ocultó a mediodía, como si se avergonzara de alumbrar el crimen que los hombres habían cometido en el Calvario. Ese día recordaba el momento sombrío de la Antigua Ley cuando el Sumo Sacerdote vestido sencillamente de blanco y no con espléndidas túnicas doradas, entró en la obscuridad de lo más sagrado para derramar su sangre en purificación de los pecados de los hombres. Ahora la gente no podía ver, ni escucharlo. Todos los presentes sabían que era muy importante estar ahí, pues hasta que Él saliera de lo profundo, ellos podrían sentir que el peso de sus pecados se les había quitado de encima.

Un día ese símbolo se convirtió en realidad mientras la obscuridad se esparcía sobre la tierra y desdibujaba esas tres cruces que antes se veían claras en el horizonte. El verdadero Sumo Sacerdote, vestido de inocencia entró en el lugar donde Dios se había escondido por culpa de los pecados de los hombres, para derramar la sangre del más Santo entre los Santos en purificación de los pecados. Nada podemos ver; solo hay un silencio terrible, una niebla espesa que interrumpe un grito que nace de un corazón herido y humillado: "Dios mío, Dios mío, ¿por qué me has abandonado?" (Mc 15:34).

Estas fueron las primeras palabras del profético Salmo 21, escrito mil años antes de este obscuro día. A pesar de que el salmo inicia con tristeza, termina con alegría, victoria y la seguridad de un reinado espiritual sobre la tierra.

Al principio hay dolor:

Dios mío, Dios mío, ¿por qué me abandonaste?

Mas yo soy un gusano y ya no un hombre; los hombres tienen vergüenza de mí y el pueblo me desprecia.

Todos los que me ven, se burlan, murmuran de mí y mueven la cabeza:

«¡Confía en el Señor, pues que lo libre, que lo salve si le tiene aprecio!»

Han lastimado mis manos y mis pies.

Con tanto mirarme y observarme pudieron contar todos mis huesos.

Reparten entre ellos mis vestiduras y mi túnica la tiran a la suerte.

Luego viene la promesa de la victoria:

"Alábenlo, los que temen al Señor;
glorifíquenlo, descendientes de Jacob;
témanlo, descendientes de Israel.

Porque él no ha ignorado
ni despreciado la miseria del pobre:
no me ocultó su rostro
y me escuchó cuando pedí auxilio".

El pobre comerá y quedará satisfecho:
y todos los que lo buscan lo alabarán:
sus corazones vivirán por siempre.

Todos los confines de la tierra
se acordarán y volverán al Señor;
todas las familias de los pueblos
se inclinarán en su presencia.

Porque solo el Señor es rey
y él gobierna a las naciones.

Salmo 21:1-29

María al pie de la cruz, conocía bien las Escrituras. Cuando escuchó que Nuestro Señor comenzaba a decir el Salmo 21, recordó una canción que solía cantar también. Era su cuarta palabra, la que cantó en casa de Isabel, el canto más hermoso jamás escrito, "El Magnificat": "Proclama mi alma la grandeza del Señor". Contiene, en esencia los mismos sentimientos del Salmo 21, es decir, una seguridad de la victoria.

*"Proclama mi alma la grandeza del Señor,
y mi espíritu se alegra en Dios mi Salvador,
porque se fijó en su humilde esclava, y desde
ahora todas las generaciones me llamarán feliz.*

*El Poderoso ha hecho grandes cosas por mí:
¡Santo es su Nombre!*

*Muestra su misericordia siglo tras siglo
a todos aquéllos que viven en su presencia.*

*Ha manifestado el poder de su brazo:
deshizo a los soberbios y sus planes.*

*Derribó a los poderosos de sus tronos
y exaltó a los humildes.*

*Colmó de bienes a los hambrientos
y despidió a los ricos con las manos vacías.*

Socorrió a Israel, su siervo, se acordó de su misericordia, como lo había prometido a nuestros padres, a Abraham y a sus descendientes para siempre.

(Lc 1 : 46-55)

Estos dos cantos tienen algo en común: los dos fueron pronunciados mucho antes de que se pudiera asegurar cualquier victoria. En su cuarta palabra desde la cruz, penetra en las tinieblas y vislumbra el triunfo de la Resurrección y su dominio espiritual sobre la tierra. En su cuarta palabra, la Mujer, nueve meses antes de que su hijo naciera, vislumbra el transcurso de los siglos venideros y proclama que cuando las grandes mujeres del mundo como Livia, Julia y Octavia, hayan sido olvidadas, la ley del olvido humano será suspendida a su favor, porque es la madre de aquel cuyo nombre es santo, y cuya cruz es la redención de los hombres.

Desde el punto de vista humano, ¡qué desesperada era la situación del Hombre de la Cruz, clamando a Dios en la obscuridad, siendo el dueño de la tierra que lo había rechazado! ¡Qué poco probable, desde el punto de vista humano era también la posibilidad de que una insignificante doncella de una aldea diera a luz a un Hijo que llegaría a ser el Supremo Revolucionario de los siglos y que exaltaría a los pobres a los ojos de Dios!

Ambas fueron en realidad palabras de triunfo, una de victoria antes de terminar la batalla, la otra de señorío, antes de que Nuestro Señor naciera. Para Jesús y para María, había tesoros en la obscuridad, ya sea en una negra colina, o en el interior de un vientre.

¿Te encuentras en el valle de la desesperación? Entonces, comprende que el Evangelio de Cristo puede ser escuchado como la Buena Nueva incluso por aquellos cuyas vidas han estado lastimadas por la Mala Nueva, pues solo quienes caminan en la obscuridad pueden ver las estrellas.

Confiar implica creer en algo que no ves. Si pudieras ver, no habría necesidad de confiar. Cuando dices que confías en un hombre siempre y cuando puedas verlo, en realidad no confías en él. Ahora, confiar en Dios significa aferrarte a la certeza de que sus fines son buenos y benditos, no porque los veas, sino precisamente porque parece lo contrario.

La razón por la cual algunas almas se purifican con el dolor, mientras que otras se hunden ante una catástrofe, es porque las primeras tienen a Alguien en quien pueden confiar, mientras que las segundas solo se tienen a sí mismas. Los ateos pueden definirse, por lo tanto, como personas que no tienen medios invisibles de ayuda.

¿Has notado, al hablar con tus semejantes, que la reacción ante las crisis de las personas que tienen fe en Dios es muy diferente a los que no la tienen? El hombre que no tiene fe generalmente se sorprende ante la obscuridad que representan dos guerras mundiales en un periodo de veintiún años, el regreso de culturas tan inhumanas y el abandono de los principios morales. Pero el hombre que tiene fe en Dios no se sorprende. El sol sigue saliendo tal y como lo esperaba; el caos estaba en las cartas aún antes de ser dadas, porque sabía que "Si el Señor no construye la casa en vano trabajan los albañiles" (Sal 126:1).

¿Has notado que las personas sin fe descubren que su mundo "progresista" no progresa en realidad, reaccionan culpando de todo a la religión, criticando a la Iglesia y hasta blasfemando de Dios porque no pone fin a la guerra? Esos egoístas tienen cierto sentido de justicia, pero como se rehúsan a culparse a sí mismos, tienen que culpar a alguien más.

Pero las personas con fe, en medio de burlas como las de aquel monarca que dijo: "¿qué dios los salvará de mi mano?" (Dn 3:15), le contestan como los tres jóvenes en la hoguera: "Si nuestro Dios, al que servimos, quiere salvarnos del horno ardiente y de tu mano, nos salvará. Pero si no lo quiere, has de saber que no serviremos a tus dioses ni adoraremos la estatua de oro que hiciste». (Dn 3 : 17-18) "No importa que me quite la vida, confiaré en Él" (Jb 13:15).

Para resaltar esta diferencia entre los que pueden llamar a Dios desde la obscuridad y los que no, veamos el contraste entre una típica persona moderna que no tiene fe y un santo. Como ejemplo primero tomaremos a H. G. Wells, quien durante décadas esperó "que el hombre que tiene sus pies en la tierra algún día alcanzaría las estrellas con sus manos".

Cuando la obscuridad cayó sobre la tierra durante estos últimos años, se volvió pesimista. "No hay razón para creer que el orden natural es mejor para el hombre de lo que lo fue para el ictiosauro. A pesar de mi disposición para ver todo con optimismo, percibo que el universo, cansado de él lo trata con dureza y lo veo moverse cada vez con menos inteligencia y con mayor rapidez por la corriente de la degradación, el sufrimiento y la muerte".

Ahora escuchemos a san Pablo quien había sufrido persecuciones y quien sabe que el tirano que estaba en el poder, algún día cortaría su cuello con la espada:

Si nos insultan, bendecimos; nos persiguen y lo soportamos todo. Nos calumnian y confortamos a los demás. Ya no somos sino la basura del mundo, el desecho de todos.

(1 Cor 4:12-13)

¿Quién nos separará del amor de Cristo? ¿Acaso las pruebas, la aflicción, la persecución, el hambre, la falta de todo, los peligros o la espada?

> *Yo sé que ni la muerte ni la vida, ni toda la jerarquía de ángeles, ni el presente ni el futuro, ni las fuerzas espirituales, ya sean del cielo o de los abismos, ni ninguna otra criatura podrán apartarnos del amor de Dios, manifestado en Cristo Jesús, nuestro Señor.*
>
> (Rm 8:35, 38–39)

Considera otra comparación en tiempos de adversidad. Escucha a Bertrand Russel, un típico modernista sin fe en Dios. ¿Qué es la esperanza para el hombre?

> "El origen del hombre, su crecimiento, sus esperanzas, sus temores, sus amores, y creencias no son sino el resultado de una colocación accidental de átomos. No hay fuego, ni heroísmo, ni intensidad de pensamiento o de sentimiento que pueda alcanzar al individuo más allá de la tumba; los esfuerzos de los hombres de las distintas eras, toda la devoción, la inspiración, la mayor brillantez del genio humano, están destinados a extinguirse y todo el templo de los logros humanos será sepultado por los escombros de un universo en ruinas. Solo sobre la base firme de una terrible desesperación puede construirse la habitación de las almas".

Ahora veamos a san Agustín quien vivió en un mundo de desesperación cuando el Imperio Romano, que había sobrevivido por siglos, cayó ante los bárbaros del norte, de la misma forma en que Satanás cayó del cielo.

Dios, que no es el autor del mal,
pero que lo permite para evitar males mayores.

Dios, que es amado, consciente o inconscientemente
por todo cuanto es capaz de amar.

Dios, en quien están todas las cosas pero que no se
degrada por la degradación de sus criaturas, ni se
contamina de malicia por la malicia de sus acciones,
ni se equivoca con sus errores.

Dios, quien se aparta de ti, cae;
y quien se vuelve a ti, nuevamente se levanta;
quien vive en ti, encuentra un apoyo seguro;
quien se aleja de ti, muere;
quien vuelve a ti, recobra la vida;
quien habita en ti, vive.

Dios, quien te pierde, muere;
quien te busca, ya te ama;
quien te ve, te posee.

Dios, la fe nos anima a ir hacia ti,
la esperanza nos levanta y la caridad nos une.

Dios, a través de ti triunfamos sobre nuestro enemigo.

Yo te invoco.

A ti elevo mis oraciones.

¡Ves la diferencia! ¡Ahora escoge! ¿Caerás en el abismo de la desesperación o prefieres como Cristo en la oscuridad de ese Viernes Santo tan oscuro, y como María, antes de que su Hijo naciera, confiar en Dios, en su misericordia y en su victoria?

Si no eres feliz o si te encuentras tiste o desesperado, es básicamente por una razón: te has negado a responder al llamado del amor: "Vengan a mí los que van cansados, llevando pesadas cargas, y yo los aliviaré. Carguen con mi yugo y aprendan de mí, que soy paciente y humilde de corazón, y sus almas encontrarán descanso" (Mt 11 : 28-29). En cualquier lugar que no sea en Él, la promesa de la liberación se efectúa por la fuerza o por las armas, y eso puede significar esclavitud. Solo el amor que ha sido *clavado* es libre. El amor que no ha sido clavado ni crucificado puede forzarnos. Las manos sujetas al madero no pueden obligarnos, así como tampoco la hostia y el cáliz, sin embargo, sí pueden invitarnos sutilmente y reunirnos en torno suyo.

Ese tipo de amor nos sugiere tres formas de vivir en estos tiempos tan difíciles:

1. Nunca olvides que solo hay dos filosofías con las que puedes regir tu vida: la de la cruz, que inicia con ayuno y termina con un banquete; y la de Satanás, que inicia con un banquete y termina con dolor de cabeza. A menos que haya una cruz, la historia no terminará con un sepulcro vacío; a menos que no haya fe en la obscuridad, no habrá visión en la luz; a menos que haya Viernes Santo, habrá un Domingo de Resurrección. Recordemos la promesa tan hermosa de Nuestro Señor: "En verdad les digo que llorarán y se lamentarán, mientras que el mundo se alegrará. Ustedes estarán apenados, pero su tristeza se convertirá en gozo" (Jn 16:20).

2. En momentos de duelo y cuando te sientas herido por los golpes de la vida; cuando lleves una cruz sobre tus hombros al igual que Simón el Cireneo, llévala diariamente a Misa y dile a Nuestro Señor durante la consagración: "Así como Tú, mi Salvador dices: ¡Este es mi cuerpo! ¡Esta es mi sangre!, yo te digo: Este es mi cuerpo, tómalo; esta es mi sangre, tómala. Son tuyos. No me importan los problemas del trabajo y de mi rutina diaria. Toma todo lo que soy, conságrame, ennoblécerme, espiritualízame, convierte mi cruz en un crucifijo de tal modo que yo ya no sea mío, sino tuyo, ¡oh, Amor Divino!"

3. No pienses en Dios como en un Dios lejano, a quien apenas conoces o al que solo acudes cuando tienes problemas o para que solucione tus asuntos. Tampoco pienses en Dios como en un agente de seguros, quien puede protegerte de pérdidas contra incendios. Acércate a Él, no tímidamente como cuanto te acercas a tu jefe para pedirle un aumento de sueldo, con temor de que tal vez no recibas lo que buscas. No le tengas miedo, pues Dios es más paciente contigo de lo que lo eres tú mismo. ¿Piensas que podrías llegar a tenerle al mundo la misma paciencia que Él le muestra cada día a pesar de tanta maldad? ¿Podrías ser tan paciente con alguien que ha cometido los mismos errores que tú? Acércate a Dios con la misma seguridad y confianza con la que un niño se acerca para pedirle favores a su Padre.

A pesar de que no te conceda todo lo que le pidas, ten la certeza de que todas tus oraciones son escuchadas y cada una obtiene una respuesta. Un niño le pide a su padre algo que no es bueno para él, digamos, una pistola. El padre, negándose a darle la pistola a su hijo, lo carga y lo consuela, dándole su amor por respuesta, a pesar de que le niega su petición. Así como el niño, al ser abrazado con tanto amor, olvida lo que había pedido, en la oración, olvidamos lo que habíamos pedido al recibir lo que necesitamos: amor por respuesta. No olvides que no hay dos respuestas a nuestras oraciones, sino tres: una es "sí", otra es "no" y la tercera es "espera".

Descubrirás que al rezar, la naturaleza de tus peticiones cambiará. Pedirás menos y menos cosas para ti y más y más para su amor. ¿No es verdad que en las relaciones humanas mientras más amas a alguien buscas dar más en vez de recibir? El amor más profundo nunca dice: "dame", dice "hazme". Probablemente piensas que si una noche Nuestro Señor entrara a tu recámara mientras rezas, entonces le pedirías algún favor o le presentarías tus problemas, o tal vez le preguntarías: "¿cuándo terminará la guerra?" o ¿debería comprar acciones de General Motors? o le dirías: "dame un millón".

¡Obviamente no! Te arrodillarías para besar el borde de su túnica. Y en el momento en que el pusiera sus manos sobre tu cabeza, sentirías tal paz, tal confianza y tal seguridad, incluso en la obscuridad, que no recordarías que tenías cosas que preguntarle, ni que tenías favores que pedirle. Considerarías que sería una especie de sacrilegio.

Lo único que podrías querer sería ver su rostro y te encontrarías en un mundo reservado para los que aman en verdad. ¡Ese sería el único Cielo que desearías!

Epílogo

¿Qué nos enseñan las heridas de Cristo? Nos enseñan que la vida es una lucha: que nuestra condición para la resurrección final es la misma que la suya; que, a no ser que haya una cruz en nuestras vidas, no habrá un sepulcro vacío; a no ser que haya un Viernes Santo, no habrá un Domingo de Resurrección; a no ser que haya una corona de espinas, no habrá una aureola de luz; y que, a no ser que suframos con Él, no resucitaremos con Él.

Las heridas no son tan solo un recordatorio de que la vida es un frente de batalla. Nuestro Señor dijo: "Yo he vencido al mundo". Lo que quiso decir fue que venció al mal. La victoria está garantizada, solo que aún nadie nos ha dado esta buena noticia. El mal nunca será más fuerte de lo que lo fue en ese día particular, pues lo peor que puede hacer el mal no es iniciar guerras y dejar ciudades en ruinas… yendo en contra de lo bueno y de los vivos. Lo peor que puede hacer el mal, es matar a Dios. Al haber sido derrotado en ese preciso momento, el momento más fuerte del mal, cuando el mal portaba su mejor armadura, nunca más puede resultar victorioso.

FULTON J. SHEEN

CAPÍTULO CINCO

La quinta palabra: La religión es una búsqueda

La quinta palabra de la Santísima Virgen María

*Hijo, ¿por qué nos has hecho esto?
Tu padre y yo hemos estado muy angustiados
mientras te buscábamos.*

Lucas 2:48

La quinta palabra de Nuestro Señor

Tengo sed

Juan 19:28

Cada corazón que hay en el mundo, sin excepción, se encuentra a la búsqueda de Dios. Puede ser que no todos estén conscientes de esto; pero sí están conscientes de su deseo de ser felices. Hay quienes por ignorancia, perversidad o debilidad, identifican la felicidad con los placeres y los bienes terrenales. Es tan natural para el alma el desear a Dios, como para el cuerpo el necesitar comida o bebida. Era natural que el hijo pródigo tuviera hambre; no era natural vivir de cáscaras y desperdicios. Es natural desear a Dios; no es natural satisfacer ese deseo con falsos dioses.

Por otra parte, no solo el alma busca a Dios, sino que Dios busca al alma, invitando gratuitamente a todos a compartir su banquete de amor. Como dice el Evangelio, esta invitación es rechazada, porque el invitado se acaba de casar o por la reciente compra de una granja o porque tenía planeado probar una yunta de bueyes.

Esta doble búsqueda, la del Creador por parte de la criatura y la de la criatura por parte de su Creador, se nos revela en la Quinta Palabra de Nuestra Señora, pronunciada cuando su Hijo apenas tenía doce años.

Un día Nuestro Señor dijo a la multitud: "El que tenga sed que venga a mí" (Jn 7:37). Pero en la cruz, el que había creado planetas y mundos, el que había llenado los valles con el rumor de miles de fuentes, clama, no a Dios, sino al hombre: "Tengo sed" (Jn 19:28). El dolor físico de estar clavado a la cruz, donde había pasado horas sin comer ni beber bajo el sol del oriente, la resequedad proveniente de su pérdida de sangre, se expresa, no en un gesto de impaciencia, sino simplemente declarando que tiene sed.

No hay nada en toda la historia de la crucifixión que haga parecer tan humano a Nuestro Señor como esta Palabra. Sin embargo, esta sed pudo no haber sido solo física, pues el Evangelio nos dice que lo dijo para que se cumplieran las Escrituras. Por lo tanto, fue una sed tanto física como espiritual. Dios estaba en la búsqueda de las almas, confiando en que un acto tan trivial como el ofrecer un poco de agua en su nombre, pudiera acercar a su gracia a quien la hubiera ofrecido. ¡El Pastor seguía a buscando sus ovejas incluso en el momento en que daba la vida por su rebaño!

María, de pie bajo la sombra de su Hijo, escuchó su Palabra y supo que era más que una petición de alivio. Recordó que esta petición había sido tomada del Salmo. Al escucharla, recordó que Ella también tuvo sed. Nos referimos al pasaje en que su pequeño hijo llegó a la edad legal de doce años. Durante la fiesta de los panes ázimos, instituida en memoria del éxodo de Egipto, María y José se unieron a la peregrinación a la Ciudad Santa. Después de siete días, según la costumbre, la multitud partió a medio día, saliendo los hombres por una puerta y las mujeres por otra, para reunirse en el lugar donde pasarían la primera noche. José y María partieron, cada uno pensando que el Niño estaba con el otro, solo para descubrir al caer la noche que el Niño no estaba con ninguno.

Si las trompetas del Juicio Final hubieran sonado, sus

corazones hubieran estado menos afligidos. Durante tres días buscaron entre las colinas y las caravanas y al tercer día lo encontraron. No sabemos dónde estuvo durante esos tres días. Solo lo podemos suponer. Tal vez visitó Getsemaní, donde veintiún años después su sangre teñiría las raíces de los olivos; tal vez estuvo en el Monte Calvario y vislumbró esta triste hora. En cualquier caso, al tercer día lo encontraron en el Templo, enseñando a los doctores de la Ley. María le dijo: "Hijo, ¿por qué nos has hecho esto? Tu padre y yo hemos estado muy angustiados mientras te buscábamos" (Lc 2:48). En una tierra donde las mujeres eran discretas, donde el amo era siempre el hombre, no fue José quien habló. Fue María. María era la madre, José era el padre adoptivo .

Cuando Abraham se acercó a Dios "se apoderó de él un terror y una gran oscuridad" (Gn 15:12), y cuando el Señor apareció, "Abram cayó rostro en tierra" (Gn 17:3). Cuando Jacob vio al Señor, se estremeció mientras decía: "¡Cuán digno de todo respeto es este lugar!" (Gn 28:17). Cuando Moisés estuvo ante el Señor, "se tapó la cara" (Ex 3:6). Sin embargo aquí, una mujer se dirige a Aquel que es el autor de la vida, por quien todas las cosas fueron hechas y sin quien nada es posible, llamándolo "Hijo". Ella tenía el derecho de llamarlo así, hacerlo no era un privilegio. Esa palabra muestra la relación tan íntima que hay entre los dos y probablemente era su manera habitual de dirigirse a Él en Nazaret.

Aquí tenemos a una criatura a la búsqueda de Dios. Así como la sed de Nuestro Señor muestra al Creador en busca del hombre, las palabras de María nos muestran la verdad complementaria de que la creatura, a su vez, busca a Dios.

Si ambos se están buscando mutuamente, ¿por qué no se encuentran? Dios no siempre encuentra al hombre porque este es libre, y como Adán, el hombre se puede esconder de Dios. Como un niño que se esconde de su madre al haber hecho algo malo, también el hombre se aparta de Dios cuando peca. Entonces Dios parece "muy lejano". El pecado crea una distancia. Dios nos llama respetando nuestra libertad, pero no lo hace por la fuerza. "Tengo sed" es el idioma de la libertad.

Igual que Pablo dijo a los atenienses, Dios está más cerca de nosotros de lo que creemos. Puede encontrarse disfrazado y mostrarse como un jardinero, así como lo hizo con María Magdalena, o como un desconocido en el camino, como lo hizo con los discípulos de Emaús. ¡Cuál habrá sido la vergüenza de los posaderos de Belén al descubrir que se negaron a recibir a la Madre de Nuestro Señor! Si tan solo hubieran conocido a nuestra Madre tiempo después, probablemente le hubieran reclamado diciendo: "¿Por qué no nos dijiste que eras la Madre de Jesús?". Si algunos de los testigos de la Crucifixión dentro de los cuarenta siguientes días hubieran visto al Salvador Resucitado y Glorificado, seguramente habrían sentido una gran pena en sus corazones y habrían dicho: "Si tan solo hubiera sabido que eras Tú quien pedía de beber".

¿Por qué en la religión exigimos pruebas y manifestaciones tan definitivas que convenzan nuestro entendimiento y destruyan nuestra libertad? ¡Eso Dios jamás lo concederá! Para el hombre, ese arrepentimiento continuará hasta el Día del Juicio cuando Cristo dirá: "Tuve sed y no me diste de beber" (Mt 25:42).

Los ángeles desde sus antiguos lugares
perciben todo con claridad,
"sois vos, son vuestros rostros extrañados
los que dejan de percibir el esplendor".

De la quinta Palabra, tanto de Jesús como de María, brota la lección de que el apostolado de la fe debe comenzar asumiendo que todos buscan a Dios. ¿Y los intolerantes, aquellos que no aceptan a la Iglesia? ¿También ellos buscan al Señor y a su Iglesia? En realidad ellos piensan más en la Iglesia que muchos de los que pertenecen a ella. No seamos tan duros con ellos.

En realidad no odian a la Iglesia. Odian lo que erróneamente consideran que es la Iglesia. Si yo hubiera escuchado las mismas mentiras sobre la Iglesia que ellos han escuchado y si me hubieran enseñado las mismas falsedades, con mi carácter y temperamento, yo odiaría a la Iglesia diez veces más que ellos. Por lo menos ellos tienen algo de pasión y fuego. Podrán estar mal encauzados, pero con la gracia de Dios, el odio puede convertirse en amor.

Las almas que venden escritos antirreligiosos o publicaciones anticatólicas, deben ser vistas igual que san Pablo antes de su conversión. Mientras duró ese período en que enseñaba y predicaba contra la Iglesia, tras haber asistido en la muerte de uno de los hombres más brillantes de inicios de la Iglesia, nos referimos a san Esteban, es un hecho que muchos creyentes se desalentaron. Hubo muchos que imploraban a Dios: "Envía a alguien que discuta con Pablo". Y Dios escuchó las plegarias. Dios envió al mismo Pablo para discutir con Pablo. Un perseguidor de los Apóstoles se convirtió en el mejor de ellos.

Hace algunos años, entre algunos de mis radioescuchas había una mujer que solía sentarse frente a su radio para ridiculizar y burlarse de cada una de mis palabras. Ahora ella goza de la plenitud de la fe y de los sacramentos. En otro pueblo había un hombre que acostumbraba grabar mis programas de radio para llevarlos a un convento cercano y se los ponía a las hermanas, que no tenían radio. Pero empobrecía este acto de bondad con comentarios irónicos que hacía mientras oían la grabación. Hace poco construyó para las hermanas una nueva escuela en esa ciudad. Todos estamos a la búsqueda de Dios y basta que un alma le dé la oportunidad a Dios, para que Dios triunfe.

Dios también tiene sed de aquéllos que han perdido la Fe. La postura del católico que se ha separado de la Iglesia es muy especial. La seriedad de esta separación dependerá de qué profunda sea la caída. Su reacción contra la Iglesia es odio o discusión. En ambos casos, es testigo de la divinidad de la Iglesia. El odio no es más que un vano intento de desprecio. Dado que su conciencia, formada por el Espíritu de la Iglesia, no lo deja tranquilo y, por lo tanto, él tampoco deja tranquila a la Iglesia.

Pero la verdad general sigue teniendo valor: supongamos que está en búsqueda de lo Divino, de lo contrario, no pensaría tanto en ello. Por lo tanto nunca, nunca, nunca, discutas con un católico que se ha separado de la Iglesia. Probablemente te diga, por ejemplo, que se separó de la Iglesia porque no puede creer en la Confesión. No le creas. Se separó de la Iglesia porque su orgullo le impide confesar sus pecados. Quiere discutir para calmar su conciencia, pero necesita la absolución para sanarla. Como la mujer en el pozo, quien había tenido cinco esposos, quiere mantener la religión en un plano meramente especulativo. Lo que en realidad necesita es que alguien lo lleve al plano de la moral, como Nuestro Señor lo hizo con la mujer. Sus problemas no son con Dios, sino con sus mandamientos. Habiendo probado lo mejor, se siente miserable ahora que no lo tiene.

No lo ayudaremos diciéndole que tomó el camino equivocado. Eso ya lo sabe. Incluso conoce el camino verdadero. La forma en la que lo podemos ayudar, como el padre del hijo pródigo, es saliendo al camino a recibirlo y acompañarlo de regreso, pues todo hijo pródigo desea volver a casa.

Los pecadores también buscan a Dios. Me refiero a los pecadores conscientes. No hace falta decirles la maldad que existe en sus pecados. Ellos lo saben mil veces mejor que uno. Sus conciencias les reclaman incluso cuando duermen. Sus miedos han grabado sus pecados en sus mentes; sus neurosis, ansiedades y desdichas son como trompetas que anuncian su muerte interior.

Ser conscientes de nuestro pecado no implica necesariamente habernos convertido de él, pues puede darse el caso de que esa consciencia nos haga estar arrepentidos pero solo ante nosotros mismos, como sería el caso de Judas. Podemos enojarnos por haber hecho alguna tontería, podemos avergonzarnos de nuestras acciones o podemos entristecernos por haber sido descubiertos, pero no hay verdadero arrepentimiento si no recurrimos a Dios. Estar consciente del pecado crea un vacío que solo la gracia puede llenar.

Dices: "Soy un pecador. No seré escuchado". Si Dios no escuchara a los pecadores, ¿por qué elogió al publicano del Templo mientras se daba golpes de pecho diciendo: "Dios mío, ten piedad de mí, que soy un pecador" (Lc 18:13)? Había dos pecadores en el Calvario junto a Nuestro Señor, uno fue salvado porque le pidió a Nuestro Señor que lo salvara. ¿No dijo acaso Nuestro Señor: "Vengan a mí los que están cansados, llevando pesadas cargas y yo los aliviaré"? Y, ¿quién lleva cargas más pesadas que un pecador? A diferencia de otras religiones, el Cristianismo comienza por un pecador. En cierto sentido, comienza con desesperanza humana. Para ser aceptado en la mayoría de las religiones, tienes que ser bueno; pero te conviertes en cristiano suponiendo que no eres bueno.

Dios te encontrará si no te opones a ser encontrado. Por lo tanto, evita los actos egoístas que pueden entorpecer el gran momento en que la Gracia Divina te puede llenar de paz. En ese caso, nos parecemos al zapatero de Charles Dickens. Durante muchos años había estado encerrado en la Bastilla, donde reparaba zapatos. Llegó a acostumbrarse de tal forma a los muros, a la oscuridad y a la monotonía de su tarea, que, al ser liberado, construyó una celda en el centro de su casa en Inglaterra. En los días en que el cielo estaba despejado y las aves cantaban, se podían escuchar los golpes del zapatero que trabajaba en la obscuridad. Así los hombres acostumbrados a vivir en sus cárceles de pecados, pierden la capacidad de vivir en horizontes más amplios, en la fe y en la gran esperanza de la religión.

No entorpezcas tu vida espiritual buscando defectos. No dirías que Shakespeare no sabe escribir porque escuchaste a un mal actor destrozar el soliloquio de Hamlet; no rechazas la belleza de la música solo porque, por casualidad, te topas en la radio con un cantante desafinado o con una mala canción; no dejas de creer en la medicina porque tu doctor tiene un resfriado.

Dale una oportunidad a Dios. La prolongación de su vida encarnada en la Iglesia representa una invitación, no una venta. Es un regalo, no un intercambio. Aunque nunca puedas merecerlo, puedes recibirlo. Dios está buscando nuestras almas. Que llegues a gozar de la verdadera paz depende de tu voluntad. "El que haga la voluntad de Dios conocerá si mi doctrina viene de Él o si hablo por mi propia cuenta" (Jn 7:17).

Epílogo

El hombre que constantemente se preocupa de no alejarse de la Mano de Dios, será capaz de vivir libre de preocupaciones, de gobernarse por completo a sí mismo, simplemente porque se encuentra preparado para dejar que Dios cambie o cancele sus planes en cualquier momento. Él sabe que el lápiz rojo del Padre no es un instrumento aterrador del mal, ni un juez implacable, sino que es el único medio por el que Dios nos puede guiar a la gran meta. Él sabe, por lo tanto, que, para nuestra mirada miope, cada marca de su color rojo no es simplemente una señal de juicio, sino también de gracia, es una garantía de que Dios se encuentra trabajando y que no permitirá que nos convirtamos en víctimas de nuestros bien intencionados planes y programas.

HELMUT THIELICKE, *La Vida Puede Volver a Comenzar*

CAPÍTULO SEIS

La sexta palabra: La hora

La sexta palabra de la Santísima Virgen María

No tienen vino

Juan 2:3

La sexta palabra de Nuestro Señor

Todo está cumplido

Juan 19:30

La corriente filosófica más común en nuestros días es el auto-expresionismo. "Libérate. Haz lo que quieras". Cualquier intento de contener impulsos instantáneos y pasajeros es tachado como supervivencia medieval y masoquista. La verdad es que las únicas personas que realmente se expresan a sí mismas se encuentran en los manicomios. No tienen inhibiciones, ni aceptan convenciones ni códigos. Su expresionismo es un completo desorden.

Las vidas que intentan expresarse de esta manera son autodestructivas. Sin embargo, hay otra manera de ser auto-expresivos, nos referimos a emprender el camino de la auto perfección. Pero esto es imposible sin sacrificios. La falta de plenitud es el sello distintivo de los indisciplinados. Para comprender esta lección volvamos al Calvario.

Cuando Nuestro Señor pronunció su quinta palabra, "Tengo sed" (Jn 19:28), un soldado que estaba cerca de Él (la Biblia siempre se refiere a los soldados con amabilidad) puso en una caña una esponja empapada en vino y la acercó a los labios de Nuestro Señor, quien lo probó. El Evangelista agrega: "Jesús probó el vino y dijo: «Todo está cumplido.»" (Jn 19:30)

Esta palabra es usada en la Escritura tres veces. En el principio del mundo, en el final y en la época intermedia. En la creación, se dice que los cielos y la tierra se encuentran "terminados". En el fin del mundo, una fuerte voz que sale del templo dice: "Ha terminado". Y ahora, desde la cruz, se escucha de nuevo. Esa palabra no significa "Gracias a Dios ya terminó". Quiere decir, más bien, algo como "se ha llevado a plenitud", quiere decir que la deuda ha sido pagada, que la obra que Él había venido a hacer, estaba completa.

Cuando María, al pie de la cruz vio que el soldado le ofrecía vino y escuchó a su Hijo decir: "Todo está cumplido", recordó el momento en que todo inició. También había vino, pero había lo suficiente. Fue en las bodas de Caná. Cuando en el transcurso del banquete, se acabó el vino, el encargado no fue el primero en notarlo. Fue nuestra Santísima Madre. Ella se da cuenta de las necesidades humanas mucho antes que aquellos que deben satisfacerlas.

Nuestra Santísima Madre le dijo a Nuestro Señor con sencillez: "No tienen vino" (Jn 2:3) Eso fue todo. Su Hijo respondió: "mujer". No la llamó "madre". "¿Qué quieres de mí, mujer? Aún no ha llegado mi hora" (Jn 2:4) Lo que Él le decía era en realidad: "María, tú eres mi madre. Me pides que inicie mi vida pública, que declare que soy el Mesías, el Hijo de Dios, al hacer mi primer milagro. En el momento que yo haga ese primer milagro, dejarás de ser solamente mi madre. Cuando me revele como el Redentor, te convertirás en cierta forma en corredentora y en la madre de todos los hombres. Por eso me dirijo a ti con el título de la maternidad universal: *mujer*. Aquí comenzarás a ser verdaderamente mujer".

Pero, ¿a qué se refería Nuestro Señor cuando le dijo: "Aún no ha llegado mi hora"? Nuestro Señor emplea esa palabra "hora" frecuentemente para referirse a su Pasión y Muerte. Cuando, por ejemplo, sus enemigos tomaron piedras para arrojárselas en el templo, el Evangelista dice: "Todavía no había llegado su hora" (Jn 7:30). En la noche de la Última Cena, Él oró: "Padre, ha llegado la hora; ¡glorifica a tu Hijo para que tu Hijo te dé gloria a ti!" (Jn 17:1). Entonces, cuando Judas entró en el jardín, Nuestro Señor dijo: "Es la hora de ustedes" (Lc 22:53). La hora significaba la cruz.

La realización de su primer milagro fue el principio de su hora. Su sexta palabra desde la cruz fue el final de esa hora. La Pasión había terminado. El agua se había convertido en vino; el vino en sangre. Todo es perfecto. El trabajo está hecho.

Estas palabras nos enseñan que entre el principio de nuestros deberes y su perfecto cumplimiento, existe una "hora" o un momento de mortificación, sacrificio y muerte. Ninguna vida llega a su final sin esa hora. Entre Caná, cuando iniciamos la vocación de nuestras vidas, y el momento de triunfo, cuando podemos decir que hemos tenido éxito, debemos pasar primero por la cruz. El único motivo que tiene nuestro Señor para pedirnos que tomemos nuestra cruz de cada día, es el de perfeccionarnos. Es casi como decir, entre el día que comenzamos a ser concertistas de piano y el día en el que triunfamos como tales, debemos pasar la "hora" de los arduos estudios, los ejercicios monótonos y de la dolorosa adicción al trabajo.

Es muy probable que Nuestro Señor le respondiera a los griegos cuando lo visitaron: "En verdad les digo: Si el grano de trigo no cae en tierra y muere, queda solo; pero si muere, da mucho fruto" para recordarles que la muerte es una condición de la vida. Atenas, posiblemente lo hubiera convertido en un Maestro, pero llegada su hora, Jerusalén lo convertiría en Redentor.

El Cristo que es nuestro Señor, no es un Cristo ileso, sino un Cristo que ha muerto y resucitado y que lleva en su glorioso cuerpo las marcas de la "hora" visibles en sus manos, en sus pies y en su costado. Bien dice san Pablo: "Los que pertenecen a Cristo Jesús han crucificado la carne con sus impulsos y deseos" (Ga 5:24).

Sin esta auto-disciplina con la que humillamos nuestro orgullo y dominamos nuestro egoísmo, nuestras vidas son incompletas e imperfectas. La mayoría de las vidas se sienten frustradas porque se han olvidado de la Cruz. Suponen que la salvación eterna puede ganarse sin la hora crucial en el Calvario. La naturaleza aborrece lo incompleto. Si le cortas una pata a una salamandra, le crecerá otra. Los impulsos que negamos en nuestra vida, mucha veces son realizados en nuestros sueños. Nuestras almas mutiladas, de alguna u otra forma, están tratando de llenar su vacío y de perfeccionar su imperfección.

En la vida espiritual este es un proceso consciente y deliberado: aplicar la "hora" de la Pasión de Cristo a nosotros mismos, a fin de que podamos compartir su Resurrección. "Quiero conocerlo, quiero probar el poder de su resurrección y tener parte en sus sufrimientos: asemejarme a Él en su muerte" (Flp 3:10).

Nuestro Señor, después de surgir de la tumba, dijo a

sus discípulos de camino a Emaús que la "hora" era la condición de su gloria. "¡Qué poco entienden ustedes y qué lentos son sus corazones para creer todo lo que anunciaron los profetas! ¿No tenía que ser así y que el Mesías padeciera para entrar en su gloria?" (Lc 24:25-26). Si no existe un desprendimiento habitual de nuestra parte, no podremos avanzar en la caridad.

El hombre terminado, el hombre perfecto, es el hombre sin apegos al poder, a la fama, a las posesiones, al enojo, a la ambición, a la avaricia, al egoísmo, a la lujuria, ni a las pasiones de la carne. El desprendimiento de estas cosas que sujetan nuestra alma, es parte de aquello a lo que Él se refirió como la "hora". Es ir "contracorriente"; es estar del lado de Dios aunque esto implique estar en contra de nosotros mismos, es renunciar a todo en busca de la recuperación.

¿Cuáles son los signos que nos permiten saber si nuestras vidas están incompletas? Entre otros, mencionamos los siguientes: Primero, el hábito de la crítica es el mejor indicador de una vida incompleta. Nuestro sentido de justicia es tan agudo y profundo, que cuando no la tenemos dentro de nosotros mismos, tratamos de compensar su falta tratando de hacer justos a todos los demás. La crítica de los demás es una forma indirecta de condenarnos a nosotros mismos. Creemos que logramos que se enderece el cuadro en nuestra pared diciendo a nuestros vecinos que todos sus cuadros están inclinados. Como la alondra que revolotea agitada sobre su nido, exhibimos flagrantemente justo aquello que tratamos de ocultar.

Cuando te refieres a los defectos de otro como: "Eso es algo que no puedo soportar", revelas precisamente aquello a lo que tienes una inclinación inconsciente. Personalizamos y evidenciamos nuestros propios defectos cuando hablamos mal de los demás. Odiamos en los demás precisamente nuestros pecados. Cuando Nuestro Señor dijo: "No juzguen a los demás y no serán juzgados ustedes" (Mt 7:1), también quiso decir que ¡seremos juzgados según juzguemos a los demás! ¡Te has delatado! Estás tratando de compensar el no haber tenido la "Hora" haciendo que los demás pasen un día miserable.

Otra prueba del tener una vida incompleta se revela en la crítica explícita o implícita hacia la religión. Los racionalistas que consideran la fe como una superstición, generalmente son muy afectos a las historias de fantasmas. Tratan de compensar su imperfección huyendo hacia la incredulidad. Si consideran que todos los misterios de la religión son simples supersticiones, ¿por qué leen tantas novelas policiacas? Tratan de llenar su necesidad de misterios celestiales, con crímenes misteriosos.

¿Por qué será que a los impuros les gusta leer libros que atacan la pureza de otros? ¿Por qué serán precisamente aquellos que son notablemente inmorales e indisciplinados, quienes más se burlan de la religión y de la moral? Están tratando de consolar sus vidas miserables, atrayendo a sus propios abismos a quienes sí son felices. Creen erróneamente que las Biblias y las religiones, las iglesias y los sacerdotes, son quienes han instituido la diferencia entre el bien y el mal en el mundo y que, si desaparecieran, podrían seguir pecando impunemente. Miden el progreso en función de las verdades morales que han quedado descartadas.

Una tercera señal de una vida incompleta se encuentra en la constante tendencia de referirse a uno mismo. El egocéntrico se ve siempre frustrado, sencillamente porque el único camino de la perfección es la renuncia a uno mismo. La parte baja de nuestro ser debe estar dispuesta a morir, para que pueda nacer nuestra parte más noble. Por eso fue que Nuestro Señor nos dijo: "Pues el que quiera asegurar su vida la perderá, pero el que sacrifique su vida por causa mía, la hallará" (Mt 16:25).

Muchas mujeres casadas que han evadido deliberadamente la "hora" del alumbramiento, se sienten frustradas e infelices. Nunca descubrirán la alegría del matrimonio porque se niegan a cumplir las obligaciones que se imponen en ese estado. ¡Al pretender salvarse, se han perdido! Para hacer el amor se necesitan tres, no dos: tú, tu cónyuge y Dios. Cuando no tienen a Dios, las personas no logran más que resaltar los defectos del otro. Los matrimonios que no hacen más que amarse el uno al otro, pronto descubren que no hay nada más. Si no hay una lealtad central, su vida se vuelve incompleta.

¡La juventud de Estados Unidos se queda juvenil por mucho más tiempo que la juventud de cualquier otro país en el mundo! Eso se debe a que la educación llamada "progresista", al rechazar la auto-disciplina y exaltar el auto-expresionismo desmedido, les ha negado la única cosa que en verdad podría darles progreso. Evadir la "hora" de la renuncia a uno mismo, retarda el día del verdadero desarrollo.

Solo muriendo a nuestro yo inferior, podemos vivir para el superior: solo rindiéndonos podemos controlarnos; solo acabando con nuestro egoísmo podemos desarrollar nuestra personalidad. ¿Cómo obtiene una planta su energía para desarrollarse? ¿Permaneciendo sin responder ante el medio y sin relacionarse con su entorno, o ajustándose a su medio ambiente para asegurar su supervivencia? ¿Cómo podemos disfrutar de la natación si no pasamos por el frío impacto de la primera zambullida? ¿Cómo podemos disfrutar de los escritores clásicos, si no pasamos primero por el árido estudio de la gramática? ¿Cómo podemos aspirar a la vida superior con Dios si no superamos nuestro egoísmo?

Una vez que nos hemos entregado, nos volvemos receptivos. Al recibir a Dios, nos completamos y nos perfeccionamos. Es una ley de la naturaleza y de la gracia, que solo aquellos que están dispuestos a dar, pueden recibir. El Mar de Galilea es fresco y azul, y da vida a todos los seres que viven en sus aguas, no porque reciba esas aguas sino porque las da. El Mar Muerto, por el contrario, está muerto porque no tiene salida. No da y por lo tanto, nunca recibe. Ni los peces viven en sus aguas, ni los animales en sus orilla. No habiendo tenido su Calvario de renunciación, nunca tiene su Pentecostés de vida y poder.

Si nada te satisface, es porque no te satisfaces a ti mismo. Si rara vez encuentras a alguna persona o cosa que te guste, es porque no te gustas a ti mismo. La vida no permite que el egocentrismo establezca su propio orden, pues para la vida, el egoísmo significa desorden. Pero, ¿cómo es posible orientar a este ser desordenado hacia los demás, si no es a través de la disciplina? Por ello, en el centro del Reino de Dios hay una cruz.

Epílogo

Cuando somos miembros del Cuerpo Místico, tenemos a todos a nuestra disposición para amar, comprender y servir a Dios: desde la Virgen María en el Cielo, hasta el pobre leproso de África quien, con una campana en su mano, susurra las respuestas de la Misa a través de su boca herida por la lepra. Toda la creación, visible e invisible, toda la historia, el pasado, el presente y el futuro, todos los tesoros de los santos multiplicados por la gracia: todo lo que está a nuestra disposición como si fuera una extensión de nosotros mismos, es un instrumento poderoso.

Todos los santos y los ángeles nos pertenecen. Podemos usar la inteligencia de santo Tomás o el brazo derecho de san Miguel Arcángel, los corazones de Juana de Arco y de Catarina de Siena, y una gran variedad de recursos espirituales que esperan a que los tomemos en cuenta para entrar en acción. Todo lo bueno, lo grande y lo hermoso: todo lo que irradia santidad. Todo eso puede funcionar como si fuera fruto de nuestro propio desempeño. El heroísmo de los misioneros, la inspiración de los doctores de la Iglesia, la generosidad de los mártires, el genio de los artistas, las súplicas ardientes de las Hermanas Clarisas y de las Hermanas Carmelitas: es como si nosotros fuéramos justamente todo eso.

Paul Claudel

CAPÍTULO SIETE

La séptima palabra: El propósito de la vida

La séptima palabra de la Santísima Virgen María

Hagan lo que Él les diga.

Juan 2:5

La séptima palabra de Nuestro Señor

Padre, en tus manos encomiendo mi espíritu.

Lucas 23:46

Probablemente la palabra más utilizada en el mundo moderno es la palabra *libertad*. Si los enfermos hablan principalmente acerca de la salud, es porque su salud está en peligro, ¿será que el hecho de que hablemos de libertad en el mundo moderno significa que corremos el riesgo de perderla? Es posible que a la vez que luchamos para evitar que nuestros enemigos nos pongan cadenas en los pies, nosotros mismos estemos encadenando nuestras almas.

Lo que trato de decir es que hay dos clases de libertad: libertad *de* algo y libertad *para* algo; una libertad externa de restricciones y una libertad interna de perfección; la libertad de escoger el mal y la libertad de poseer el bien.

El típico hombre moderno rechaza la libertad interior porque implica responsabilidades y, por lo tanto, es una carga, una carga terrible que significa responder a esta pregunta: ¿cuál es el fin de tu vida? Por eso las teorías que niegan el libre albedrío son tan populares hoy en día, como lo es el Marxismo, que destruye la libertad a favor del Estado; el Freudismo, que destruye la libertad a favor del subconsciente y del erotismo; el Totalitarismo, que destruye la libertad individual a favor del poder absoluto.

La raíz de todos nuestros problemas está en que la libertad para Dios y en Dios se ha confundido con la libertad de Dios. La libertad es nuestra y podemos disponer de ella. Cada uno de nosotros revela lo que considera el propósito de su vida, mediante la forma en que emplea su libertad. Si deseamos conocer el propósito supremo de nuestra libertad, debemos observar las vidas de Nuestro Señor y de Nuestra Señora.

La primera palabra de Nuestro Señor que registran las Escrituras fue pronunciada cuando tenía doce años: "¿No saben que yo debo estar donde mi Padre?" (Lc 2:49) Durante su vida pública, reafirmó su obediencia al Padre: "El que me ha enviado está conmigo y no me deja nunca solo, porque yo hago siempre lo que le agrada a Él". (Jn 8:29). Ahora en la cruz, cuando sale al encuentro de la muerte y libremente entrega su vida, sus últimas palabras son: "Padre, en tus manos encomiendo mi espíritu" (Lc 23:46). Las últimas palabras de otros hombres son pronunciadas con murmullos, pero el pronunció estas palabras con un grito.

La muerte, por lo tanto no vino a Él sino Él fue a su muerte. Nadie tomó su vida, Él la entregó. Él era lo suficientemente fuerte para vivir pero murió por un acto de voluntad. Esto no enfatizaba su muerte sino que afirmaba la continuidad de la vida divina. Fue el principio de su regreso a la Gloria que compartía con el Padre antes de la creación del mundo.

> "Padre": la palabra de paternidad eterna. No dijo "Padre Nuestro", como nosotros lo decimos, pues el Padre no es suyo y nuestro en la misma forma. Él es su Hijo Natural; nosotros somos sus hijos adoptivos.

"En tus manos": estas eran las manos que el profeta llamó "buenas"; las manos que guiaron a Israel a su realización histórica; las manos que proveen cosas buenas incluso para las aves del cielo y las flores de la tierra.

"Encomiendo mi Espíritu". ¡Rendición! Consagración. La vida es un ciclo. Venimos de Dios y a Dios regresaremos. Por lo tanto, el propósito de la vida es hacer la voluntad de Dios.

Cuando nuestra Madre Santísima lo vio inclinar su cabeza y entregar su espíritu, recordó su última palabra según las Escrituras. Fue al encargado del vino en las bodas de Caná: "Hagan lo que él les diga" (Jn 2:5) ¡Qué hermosa despedida! Son las palabras más magníficas que hayan sido pronunciadas por los labios de una mujer: "Hagan lo que él les diga". En la transfiguración el Padre Celestial habló desde el cielo y dijo: "¡Este es mi Hijo… escúchenlo!" (Mt 17:5). Ahora Nuestra Santísima Madre habla y nos dice: "Hagan su voluntad".

La dulce relación que duró tres décadas en Nazaret se acerca a su fin y María está por entregar al Emmanuel a todos nosotros y lo hace indicándonos el único camino para la salvación: completa consagración a su Divino Hijo. En ninguna de las partes de la Escritura se menciona que María amara a su Hijo. Pero ese amor se esconde en la sumisión de su mente a la de su Hijo y en su recomendación final: "Hagan lo que él les diga".

Tanto las últimas palabras que se registran de Jesús como las últimas palabras que se registran de María, fueron palabras de rendición: Jesús se entregó al Padre; María nos pide que nos entreguemos a su Hijo. Esta es la ley del universo. "Todo es de ustedes. Y ustedes son de Cristo y Cristo es de Dios". (1Cor 3:22-23).

Ahora enfrentemos el problema: ¿qué quieres hacer con tu libertad? Puedes hacer tres cosas:

1. Conservarla para tus deseos egoístas.
2. Dividirla en pequeñas fracciones de alianzas triviales o caprichos pasajeros.
3. Entregarla a Dios.

(1) Si conservas tu libertad solo para ti, entonces, por ser arbitraria y no seguir normas, encontrarás que se deteriora al convertirse en una afirmación desafiante de ti mismo. Una vez que has permitido que las cosas sucedan, simplemente porque así lo deseas, te conviertes en esclavo de tus decisiones. Si decides libremente beber todo lo que quieras, pronto descubrirás que ya no eres libre para tomar, pues le perteneces a la bebida y no la bebida a ti. Libertad sin límites es también tiranía sin límites. A esto se refería Nuestro Señor cuando dijo: "El que vive en el pecado es esclavo del pecado" (Jn 8:34).

(2) La segunda forma consiste en convertirte en un aficionado, al usar tu libertad igual que un colibrí, volando primero sobre una flor, luego sobre otra, viviendo para ninguna y muriendo sin nada. No deseas nada con

todo tu corazón, pues todo tu corazón está dividido en mil pedazos. Por tanto, quedas dividido contra ti mismo; una guerra civil inicia en tu interior, pues nadas entre dos corrientes opuestas.

Puedes cambiar tus gustos y deseos cuando no te satisfacen, pero no puedes cambiarte a ti mismo. Entonces te pareces al hombre que le dijo a la cocinera durante el desayuno que el huevo que le traía no estaba fresco y que le trajera otro. En seguida se presentó con otro huevo, pero cuando terminó de comerlo, descubrió que era el mismo huevo, volteado al revés. Así sucede con nosotros; lo que cambia es el deseo, no el alma. En tal caso, incluso tu interés por los demás no es verdadero.

En tus momentos más sinceros puedes descubrir que has tratado con todos sobre la base de tu propio interés; les dejas hablar mientras estén de acuerdo contigo, pero los callas si sucede lo contrario. Incluso tus momentos de amor no son más que un estéril intercambio de egoísmos; hablas sobre ti durante cinco minutos, luego la otra persona hace lo mismo, pero si habla durante un poco más, entonces es aburrido.

No es extraño que esas personas digan: "tengo que rehacer mi vida". Están confesando que son como espejos rotos, cada pedazo refleja una imagen diferente. En esencia eso es el libertinaje: la incapacidad de elegir una entre muchas atracciones, el alma se vuelve difusa, múltiple, o "legión" como Satanás se llama a sí mismo.

(3) Por último, puedes usar tu libertad como lo hizo Cristo en la cruz, entregando su espíritu al Padre, y como María nos lo ordenó en Caná, haciendo su Voluntad en todo. Esta es la libertad perfecta: quitar nuestro yo como centro de motivación para fijar todos nuestros deseos, decisiones y acciones en el amor divino. "Hágase tu voluntad en la tierra como en el Cielo".

Somos como moluscos que solo pueden vivir adheridos a una roca. Nuestra libertad nos obliga a aferrarnos a algo. Nosotros tenemos la libertad de escoger: podemos decidir a quién servir. Entregarse al amor perfecto es rendirse a la felicidad, y por consiguiente, ser perfectamente libres.

Por lo tanto, "servirlo a Él es reinar con Él". Sin embargo, nos viene el miedo. Como san Agustín en sus primeros años, decimos: "Quiero amarte, Señor, un poco más tarde, pero no ahora". Temerosos de aquel que se acerca a nosotros con un manto púrpura y con una corona de espinas, le preguntamos: "¿Es necesario mencionar la muerte justo cuando hablamos de cosechar frutos?" ¿El oro debe ser purificado por el fuego? ¿Las manos que nos mantienen unidas deben sangrar por las uñas de quienes las sujetan? ¿Tengo que renunciar a mi vela si quiero poseer el sol? ¿No nos comportamos ante Dios y María como un niño que rechaza el cariñoso abrazo de su padres, simplemente porque no estamos de humor?

Francis Thompson así lo reflexionó cuando escuchó estas palabras de la boca de un niño:

"¿Por qué me abrazas
y me estrechas contra ti?
En realidad solo me haces daño,
por favor, déjame ir.
Que se me quiera solo de vez en cuando,
¡cuando yo quiera!"
Así oí decir a un niño,
a un niño pequeño y rebelde,
quejándose con amargura
rechazando el abrazo de amor.
Y dirigiéndome a Dios, pienso:
"¡Perdóname, Amor de los amores!"
Porque esos brazos, eran tus brazos
y ese niño, era yo".

Como dijo Pascal: "Solo hay dos tipos de personas sensatas: las que sirven a Dios con todo su corazón porque lo conocen, o los que lo buscan con todo su corazón, porque no lo conocen".

Hay, por tanto, alguna esperanza para aquellos que están insatisfechos con sus decisiones, pues esta actitud genera una oportunidad. Explicándonos un poco más podemos decir que siempre es preferible decir: "soy un pecador", que decir: "no me hace falta la fe". Aceptando nuestra realidad carente y necesitada de Dios, el vacío puede llenarse. Por el contrario, el que está saturado de sí mismo no tiene espacio alguno que Dios pueda llenar. No nos queda otra que aceptar, rendirnos para no tener que exclamar como Agustín "Demasiado tarde he llegado a amarte, oh Belleza tan antigua", sino que más bien podamos publicar el grandioso descubrimiento del célebre poeta:

"¡Oh beneficio, que nos supera en beneficios!
¡Oh amor, que nos satisface en el amor!
¡Oh alturas, que son inalcanzables!
¡Oh belleza, que está más allá de la belleza!
¡Tú, quien sin llegar a ser plenamente poseído
haces mínima cualquier otra posesión!

Epílogo

Es evidente que Cristo no obtuvo su paz interior fuera de sí. Sin duda que como bebé encontró seguridad en los brazos de su madre, como es de esperarse en el caso de todo humano recién nacido... Cuando llamó a sus doce apóstoles, no se rodeó de los elementos más amables, discretos, con quien fuera sencillo vivir. Dos de ellos quienes, a nuestro gusto llenarían las expectativas de amabilidad y facilidad de convivencia, eran llamados "Hijos del Trueno". Ninguno de ellos comprendió a ciencia cierta lo que Cristo se proponía y todos lo abandonaron cuando más los necesitó. Murió casi solo, su causa parecía perdida, sus seguidores se dispersaron, su cuerpo había sido terriblemente torturado, los elementos que aparecían ante su mente podían sugerir un inevitable fracaso. Y, a pesar de todo esto, en sus últimas palabras, nos da el secreto de toda una vida: "¡Padre, en tus manos encomiendo mi espíritu!"

  Leslie D. Weatherhead, *Remedios para la ansiedad.*